深度学习教学改进丛书

教育部基础教育课程教材发展中心　课程教材研究所　组织编写

田慧生　主编
刘月霞　副主编

胡久华　主编

罗滨　陈颖　副主编

深度学习：走向核心素养

（学科教学指南·初中化学）

U0660723

教育科学出版社
·北京·

本项目研究由北京王府公益基金会提供部分资金支持

丛书编委会

主 任:

田慧生　教育部基础教育课程教材发展中心主任,
　　　　课程教材研究所所长,研究员,项目组组长

副主任:

刘月霞　教育部基础教育课程教材发展中心副主任,项目组副组长
张国华　教育部基础教育课程教材发展中心副主任

委 员(按姓氏笔画排序):

马云鹏　东北师范大学教授
王　健　北京师范大学副教授
王云峰　首都师范大学教授
支　瑶　北京市海淀区教师进修学校副校长,高级教师
刘　莹　教育部基础教育课程教材发展中心教学处干部
刘卫红　北京市海淀区教师进修学校附属实验学校原校长,高级教师
刘晓玫　首都师范大学教授
齐渝华　北京市西城区教委原副主任,西城区教育研修学院原院长,特级教师
闫寒冰　华东师范大学教授
李　广　东北师范大学教授
李春密　北京师范大学教授
吴正宪　北京教育科学研究院基础教育教学研究中心教研员,正高级教师,特级教师
何成刚　教育部基础教育课程教材发展中心教学处副处长,副研究员
张　晓　北京市海淀区教师进修学校师训部教师,一级教师
张连仲　北京外国语大学教授
张铁道　北京开放大学原副校长,研究员,项目组副组长
罗　滨　北京市海淀区教师进修学校校长,正高级教师,特级教师
郑　葳　北京师范大学副教授
胡久华　北京师范大学教授
莫景祺　教育部基础教育课程教材发展中心教学处处长,研究员
郭　华　北京师范大学教授

本册编写人员

主　　编：胡久华

副 主 编：罗　滨　陈　颖

参编人员：宋晓萌　尹博远　张永梅　李　娜

丛书序

　　党的十八大明确提出"把立德树人作为教育的根本任务"。2014 年 3 月,《教育部关于全面深化课程改革 落实立德树人根本任务的意见》强调把课程改革作为落实立德树人根本任务的一个重要抓手和突破口,并首次提出要研究制订学生发展核心素养体系,把核心素养落实到各学科教学中。党的十九大进一步强调"落实立德树人根本任务,发展素质教育"。2017 年 12 月,教育部印发了新修订的普通高中课程方案和各学科课程标准,把党的教育方针中关于学生德智体美全面发展的总体要求具体化、细化为学生发展核心素养;各学科结合学生发展核心素养的要求和学科特点,进一步凝练出学科核心素养,并把学科核心素养作为确定课程目标、遴选教学内容、设计教学活动的主要依据。

　　为全面深化课程改革,落实立德树人根本任务,从 2014 年 9 月起,教育部基础教育课程教材发展中心(简称"中心")组织专家团队,在借鉴国外相关研究成果和总结我国课程教学改革经验的基础上,着手研究开发深度学习教学改进项目,将其作为深化基础教育课程改革的重要抓手和落实学生发展核心素养及各学科课程标准的实践途径。我们希望通过深度学习教学改进项目的实施,推动课堂教学关系的深度调整和人才培养模式的重大变革,引领教学理念、教学方式、评价体系、教学组织管理制度等全方位的变革。

　　该项目旨在通过改进教育教学，指导学生进行深度学习。同时，我们将项目研究定位为行动研究。参与项目研究的全体人员既是研究者，又是实践者，大家针对课程教学改革中的重点和难点问题，边研究、边实验、边解决问题。项目在实施过程中，始终坚持理论与实践相结合。一是坚持研究先行，成立了由高校专家、教研员、校长和骨干教师组成的项目研究组，对深度学习的基本理论和实践模型进行研究，提出了基本理论框架；同时，依据基本理论框架，构建实践模型，指导教师围绕教学设计和教学实践开展研究与实验工作，鼓励教师整理积累教学设计案例，进一步验证和丰富深度学习的基本理论。二是坚持实验为重，设立了实验区和实验校，先行在北京、重庆、广东、四川、江苏、山东、浙江、河南等地的15个实验区的90多所实验学校开展实验，上千名教研人员、实验学校校长及骨干教师参与了研究和实验。北京市海淀区作为项目实验示范区，先行先试，为其他实验区提供经验、案例和培训人员，通过示范引领，实现项目的有效推进。4年来，各实验区教师创造和积累了数百个教学实践案例。三是坚持集中研修与个别指导相结合。定期召开项目研修班、实施交流会，搭建网络交流平台和开展网络研修活动；组织项目组专家赴实验区指导，推动项目研究与实验持续发展。4年来，先后组织专家200余人次赴实验区进行实地指导。专家们参与集体研修和交流，开展网络在线研修，实地指导实验人员达 6000 余人次，大大提高了教师的教育教学能力和水平，有力地推动了实验区教研质量的提升和教学改革的开展，受到了区域、学校和教师的广泛好评。有一位参加实验的教师在培训心得中这样写道："自区域开展深度学习教学改进项目以来，我一直都是参与者和实践者。在参与的过程中，我的教育思想和教育行为都发生了比较大的变化。例如，每次我在设计教学的时候，都会首先考虑我的学生能从课堂中学会什么，以及如何设计活动让他们把在课堂中学到的东西用于生活实际……"

经过 4 年的研究与实验，项目取得了阶段性成果。一些成果陆续在《课程·教材·教法》《中国教育报》《基础教育课程》等报刊上发表，引起了教育界的广泛关注。为了进一步总结各地的实验经验和研究成果，为广大教研员和教师提供落实学生发展核心素养的脚手架，中心决定在总结项目研究成果的基础上，出版"深度学习教学改进丛书"，包括理论普及读本、学科教学指南和教学案例选。理论普及读本意在通过项目组专家对项目基本理论和实施策略的解读，帮助广大教研员和教师理解项目的基本理念和实施策略；学科教学指南包括初中语文、数学、英语、物理、化学、生物、历史，小学语文、数学、英语 10 个学科，意在为广大教研员和教师提供相关学科实施深度学习的基本思路和操作指南；教学案例选遴选了在项目研究与实践中形成的优秀典型案例，意在为教师开展深度学习教学改进项目实践提供参考。我们期望这部丛书对教师在教学中如何落实学科核心素养起到借鉴和参考作用。

尽管深度学习教学改进项目取得了阶段性成果，但是这些成果还只是初步的，无论是在理论层面还是在实践操作层面都还很不完善，需要不断得到丰富和发展。下一阶段的项目研究与实验要重点做好以下几个方面的工作。

一是进一步深化研究。在理论认识上要进一步明确深度学习的基本概念、基本特征、意义和价值；在实践操作上要进一步细化，让教师容易理解、掌握深度学习的基本理论框架和操作要求，并且能够在课堂中真正落地实施。同时，要坚持问题导向。在研究与实验中要不断发现问题，聚焦问题，找准深化研究的着力点，在着力点上发力、下功夫。

二是进一步加强沟通和指导。深度学习教学改进项目的实施需要项目专家团队、教育行政部门、教研部门、学校、教师团队等各个方面的通力合作。只有各个方面形成项目实施共同体，项目实施才能真正取得实效。为此，我们要加强沟通和指导，形成各方联动的推进机制。同时，要充分利用信息技术和互联网，建立项目实施的信息交流平台。

三是加强实验教师的研修。深度学习教学改进项目实施的关键在教师。深度学习的基本理念和实践操作要真正被教师所理解和掌握，需要一个过程。因此，需要进一步完善项目研修内容、研修形式和研修机制。

四是进一步加强区域和学校统筹。要使深度学习教学改进项目真正取得实效，一定要将其纳入区域和学校的工作规划，使之成为区域和学校深化基础教育课程改革、落实学生发展核心素养的重点工作，并提供必要的保障条件，形成区域统筹以及区域、学校、教师职责明确和上下联动的机制。

这部丛书还只是深度学习教学改进项目研究与实验成果的阶段性总结，我们希望随着项目研究与实验的不断深入，丛书能够得到进一步充实、修订和完善。也希望广大教育工作者，特别是广大教研员和教师提出宝贵意见和建议。下一阶段，我们将继续深化义务教育阶段项目研究与实验，并适时启动普通高中阶段深度学习的研究与实验工作。

田慧生

教育部基础教育课程教材发展中心主任

课程教材研究所所长

2018 年 11 月

目　录

前　言

　　为深入贯彻《国家中长期教育改革和发展规划纲要（2010—2020年）》和《教育部关于全面深化课程改革 落实立德树人根本任务的意见》，指导学校和教师实现化学教学的育人功能，改变学生的学习方式，促进学生化学学科核心素养的发展，探索促进学生深度学习的策略，教育部基础教育课程教材发展中心组织编写了《深度学习：走向核心素养（学科教学指南·初中化学）》（以下简称《指南》）。

　　《指南》界定了初中化学深度学习的内涵，给出了进行初中化学深度学习教学设计和实施的指导以及相应的教学案例，帮助教师基于《义务教育化学课程标准（2011 年版）》开展初中化学深度学习的教学实践，促进教学中真实问题情境的创设，开展以化学实验为主的多种探究活动，重视教学内容的结构化和功能化，激发学生学习化学的兴趣，促进学生学习方式的改变，实现学生化学学科核心素养的发展。

　　《指南》包括六个部分：前言、初中化学深度学习的内涵和意义、初中化学深度学习的教学设计、初中化学深度学习的实施策略、初中化学深度学习的教学案例、附录。

　　初中化学深度学习的教学设计部分，以单元学习主题统领的教学设计为核心，提供基本的操作流程，包括：确定单元学习主题、确定单元学习目标、整体规划单元学习主题的教学、设计单元学习活动、设计持续性评价。各章内容概要如图 1 所示。

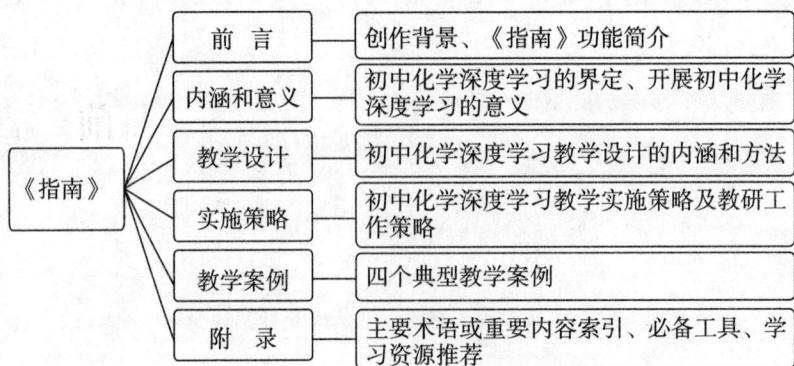

图1　《指南》的内容结构

在使用《指南》时，教师可根据自身需求和实际情况选择不同的阅读路径，建议的阅读路径如下：

路径1 若对深度学习已有一定的认识和了解，希望进一步开展教学实践探索，可按照《指南》现有的内容呈现顺序进行阅读。

路径2 若希望先对深度学习教学有一个感性认识，在此基础上了解深度学习的理论基础及实践策略，建议先阅读第四章"初中化学深度学习的教学案例"，再依次阅读第一章至第三章的内容。

路径3 若已经具有一定的深度学习实践经验，希望就具体问题加深理论认识、丰富实践策略，可将第二章"初中化学深度学习的教学设计"中的具体内容（如"确定单元学习主题"）与第四章"初中化学深度学习的教学案例"中的相应部分（如四个案例中的"单元学习主题"）进行整合阅读。

第一章

初中化学深度学习的内涵和意义

第一节　什么是初中化学深度学习

　　什么是深度学习？教育部基础教育课程教材发展中心负责的深度学习总项目组将其界定为："在教师引领下，学生围绕着具有挑战性的学习主题，全身心积极参与、体验成功、获得发展的有意义的学习过程。在这个过程中，学生掌握学科的核心知识，理解学习的过程，把握学科的本质及思想方法，形成积极的内在学习动机、高级的社会性情感、积极的态度、正确的价值观，成为既具独立性、批判性、创造性又有合作精神，基础扎实的优秀的学习者，成为未来社会历史实践的主人。"[①] 该界定通过 **"具有挑战性的学习主题"** 明确教学要有核心活动，确保学生思维的深度，通过 **"全身心积极参与、体验成功"** 界定学习过程中学生参与的思维深度和情感深度，通过 **"获得发展"** 界定学习结果的深度。

一、初中化学深度学习的内涵

　　深度学习教学改进项目初中化学学科组经过多年的教学实践研究，结合总项目组对深度学习的界定，进一步明确初中化学深度学习旨在促进学生化学学科核心素养的发展，并且指明如何通过深度学习使学生的化学学科核心素养得到发展。

　　初中化学深度学习的内涵：在教师引领下，学生围绕着具有挑战性的学习主题，开展以化学实验为主的多种探究活动，从宏微结合、变化守恒的视角，运用证据推理与模型认知的思维方式，解决综合复杂问题，获得结构化的化学核心知识，建立运用化学学科思想解决问

---

　　① 刘月霞，郭华. 深度学习：走向核心素养：理论普及读本 [M]. 北京：教育科学出版社，2018：32.

题的思路方法，培养科学探究与创新意识、科学态度与社会责任，促
进化学学科核心素养的发展。

　　化学学科的深度学习，在学习目标上更强调在获得化学核心知识
的基础上，促进化学学科核心素养的发展；在学习过程上更强调化学
学科特有的学习活动和思维方式——开展以化学实验为主的多种探究
活动，从宏微结合、变化守恒的视角，运用证据推理与模型认知的思
维方式，解决综合复杂问题，实现学生积极参与，产生情感共鸣；在
学习结果上更强调化学学科思想方法的理解与运用、化学学科核心素
养的发展。

二、诊断初中化学深度学习教学案例的依据

　　依据初中化学深度学习的内涵，判断某个化学教学案例是否符合
深度学习的理念，可以从学习内容、学习活动、学习结果三个方面进
行综合分析（如图 1-1 所示）。

学习内容	学习活动	学习结果
·属于化学核心知识且实现了知识的结构化和功能化 ·承载并落实了化学学科的思想方法和化学学科核心素养	·具有化学学科特点 ·学生开展了具有挑战性的针对核心素养发展需要的任务 ·学生高度参与、深度思维、内化情感	·学生能自主应用化学学科思想方法解决问题 ·学生能自主说出在化学学科核心素养方面的具体收获

图 1-1　初中化学深度学习教学案例的特点

　　通过对初中化学深度学习的理解，不难发现，开展初中化学学科
深度学习的教学实践，需要实现化学教学取向的变迁：从碎片化的知
识细节的教学转变为核心知识结构化的教学；从具体化学知识的教学
转变为化学学科思想方法的教学；从抽象的知识讲解的教学转变为解
决综合复杂问题的教学；从知识解析的教学转变为促进学生化学学科

核心素养发展的教学；从仅注重知识结论的教学转变为彰显知识功能价值的教学。

要想实现化学教学取向的变迁，教师首先需要深入学习，对化学核心知识进行再认识、再理解，实现教学知识的更新、教学行为的转变，特别是从教学理念到教学行为的转化。教师需要清楚化学核心知识的教学价值，特别是在培育学生化学学科核心素养方面的价值。教师要找准学生在关键能力、必备品格、正确价值观念方面的最近发展区，设计具有挑战性的真实复杂任务，给学生提供问题解决的机会和核心素养发展的空间，促进学生的持续性发展。

第二节　为什么开展初中化学深度学习

深度学习是教学改进项目，初中化学深度学习主要针对教学实践中在培育学生化学学科核心素养方面存在的主要问题进行教学改进，促进学生学习方式的真正改变，落实学生化学学科核心素养的发展，从而促进新一轮课程改革在实践层面的有效推进。此外，在信息化时代，学生的学习方式需要发生改变。那么，教学应如何促进学生学习方式的变革？深度学习为我们指明了方向，开展深度学习有利于揭示和理解当今时代的学习本质。

一、促进学生化学学科核心素养的发展，有效推进新一轮课程改革

自 20 世纪 90 年代以来，核心素养成为全球范围内教育政策、教育实践和教育研究领域的焦点，也是统率教育改革的重要概念，引领着课程教材改革、教学方式变革、教师专业发展和教学质量评价等的改进发展。我国《普通高中化学课程标准（2017 年版）》也要求培养学生的化学学科核心素养，通过中学化学课程的学习，帮助学生形成"宏观辨识与微观探析、变化观念与平衡思想、证据推理与模型认知、

科学探究与创新意识、科学态度与社会责任"五个方面的化学学科核心素养（见表 1-1）。

表 1-1　化学学科核心素养 ［摘自《普通高中化学课程标准（2017 年版）》］

名称	含义
宏观辨识与微观探析	能从不同层次认识物质的多样性，并对物质进行分类；能从元素和原子、分子水平认识物质的组成、结构、性质和变化，形成"结构决定性质"的观念。能从宏观和微观相结合的视角分析与解决实际问题。
变化观念与平衡思想	能认识物质是运动和变化的，知道化学变化需要一定的条件，并遵循一定规律；认识化学变化的本质特征是有新物质生成，并伴有能量转化；认识化学变化有一定限度、速率，是可以调控的。能多角度、动态地分析化学变化，运用化学反应原理解决简单的实际问题。
证据推理与模型认知	具有证据意识，能基于证据对物质组成、结构及其变化提出可能的假设，通过分析推理加以证实或证伪；建立观点、结论和证据之间的逻辑关系；知道可以通过分析、推理等方法认识研究对象的本质特征、构成要素及其相互关系，建立认知模型，并能运用模型解释化学现象，揭示现象的本质和规律。
科学探究与创新意识	认识科学探究是进行科学解释和发现、创造和应用的科学实践活动；能发现和提出有探究价值的问题；能从问题和假设出发，确定探究目的，设计探究方案，运用化学实验、调查等方法进行实验探究；勤于实践，善于合作，敢于质疑，勇于创新。
科学态度与社会责任	具有安全意识和严谨求实的科学态度，具有探索未知、崇尚真理的意识；深刻认识化学对创造更多物质财富和精神财富、满足人民日益增长的美好生活需要的重大贡献；具有节约资源、保护环境的可持续发展意识，从自身做起，形成简约适度、绿色低碳的生活方式；能对与化学有关的社会热点问题作出正确的价值判断，能参与有关化学问题的社会实践活动。

　　培育学生的核心素养，需要改变学生的学习方式，实现学生积极主动地解决问题，让学生经历思维深度参与的学习活动。深度学习教学改进项目初中化学学科组进行的大量教学案例研究表明，深度学习是促进学生核心素养发展的有效途径，对落实新修订的课程标准，深入推进课程改革具有重要意义。

二、促进学生对化学核心知识的实践，揭示和理解当今时代学习本质

　　由美国新媒体联盟（New Media Consortium，NMC）和美国学校网络联合会（the Consortium for School Networking，CoSN）合作完成的《新媒体联盟地平线报告：2015 基础教育版》提出了两条长期趋势，其中一条是"探索深度学习策略"。该报告指出，深度学习是以创新方式向学生传递丰富的核心学习内容，引导他们有效学习并能将其所学付诸应用；基于项目的学习、基于问题的学习、基于探究的学习，有助于学生获得更多主动学习的经历，是深度学习方式。2016 年发布的《新媒体联盟地平线报告：2016 基础教育版》提出的三条长期趋势中，其中一条是"转向深度学习方法"，并指出项目式学习、挑战性学习及其他类似方法能够促进学生主动学习，且使教学更加以学生为中心。开展深度学习是全球基础教育发展的方向，无论是常规的课堂教学，还是基于信息技术手段的新型教与学，都需要促进学生的深度学习。

　　在信息化时代，学生可以更容易地从各种途径获得知识，但对知识缺少理解、内化和实践。课堂教学应该给学生提供机会对知识进行实践和体验。教师在学生学习过程中的作用，不能仅仅是传授知识（学生已经能够从各种途径获得知识），而是更应该帮助学生建立学科思想方法，引导学生运用知识解决问题。在当今时代，学生的学习应该是在教师的引导下，面对系统而有难度的学习内容，全身心投入的实践活动，这正是深度学习强调的学习过程。在这样教师引导的富有

挑战性的全身心参与的学习过程中，学生获得核心素养的发展。这正是本书所谈的深度学习与其他深度学习观点的差异。

三、促进学生学习方式的转变，实现学生积极的学习状态

经过上一轮课程改革，我国中学化学课堂教学发生了积极变化，学生的学习方式多样化了，小组合作、实验探究等学习方式在化学课堂中涌现；联系实际、贴近生活的教学素材更加丰富了；在学习内容的选择和组织方面，更加注重化学学科的思想方法；在学习过程方面，更加考虑学生的认知特点和学习规律。

但从全国中学化学教学现状来看，这些倡导的变化还不是很普遍，需要进一步加强，学生的学习方式和学习状态需要进一步改变：从被动听讲到发自内心地积极参与；从以获取知识为主的活动到全面获得知识、方法、态度的活动；从"照方抓药"的实验操作到蕴含深度探究思维的实验活动；从师生简单对话到揭示思维过程的多轮次、多渠道交流；从泛化的过程方法、情感态度学习目标到落地的化学学科核心素养目标；从对核心知识的浅显认识到内化核心知识承载的化学学科思想方法。通过上述改变，提升学生解决综合复杂问题的能力，培养学生的化学学科核心素养。

教师都希望学生在课堂上的学习状态是：全身心投入、充满好奇地专注、困惑时不折不挠地钻研、解惑时会心地微笑，希望学生表现出较强的独立性、批判性及合作精神。这样的课堂学习表现是教育工作者的共同追求，也正是学生进行深度学习的表现。

第二章

初中化学深度学习的教学设计

深度学习的发生需要条件，教师对学习目标、学习内容、学习过程、学习评价的设计，是深度学习发生的保障。深度学习总项目组提出了深度学习的四个要素：确定单元学习主题、确定单元学习目标、设计单元学习活动、设计持续性评价（如图 2-1 所示）。

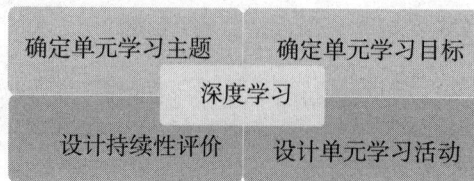

图 2-1　深度学习的四个要素

单元学习主题，指围绕某一核心知识组织起来的，有难度而系统，体现学科思想方法或深化、丰富学生认识世界的方式，能够激发学生深度参与和持续发展的学习单元。

单元学习目标，指期望学生获得的学习结果，包括能反映学科本质及思想方法、能促进学生深度理解和灵活应用的知识、方法、情感态度与价值观。

单元学习活动，回答"如何学"才能达成深度学习的目标，是以理解为基础的实践性学习活动，是学生在教师指导下，通过解释、举例、分析、总结等解决不同情境中的问题，在已有知识基础上的建构性活动。

持续性评价，回答"是否达成了既定目标"，是指依据深度学习目标，为学生的深度学习活动持续地提供反馈，帮助学生改进和发展。

第一节　什么是初中化学深度学习的教学设计

为了实现学生的深度学习，教师需要依据化学核心知识，确定单元学习主题，然后依据单元学习主题的知识结构及其挑战性任务设计整个教学过程。

一、单元学习主题统领的教学设计促进学生深度学习的发生

单元学习主题是知识结构、学科思想方法的聚合器，往往反映学科本质和某一单元的大概念。通过单元学习主题可实现教学内容的整合，避免知识琐碎、零散。单元学习主题统领的教学是打通知识到素养的通道，通过让学生完成具有挑战性的任务获得对化学核心知识和学科思想方法的深刻理解，实现迁移应用，培养学生的关键能力、必备品格和正确价值观念（如图2-2所示）。

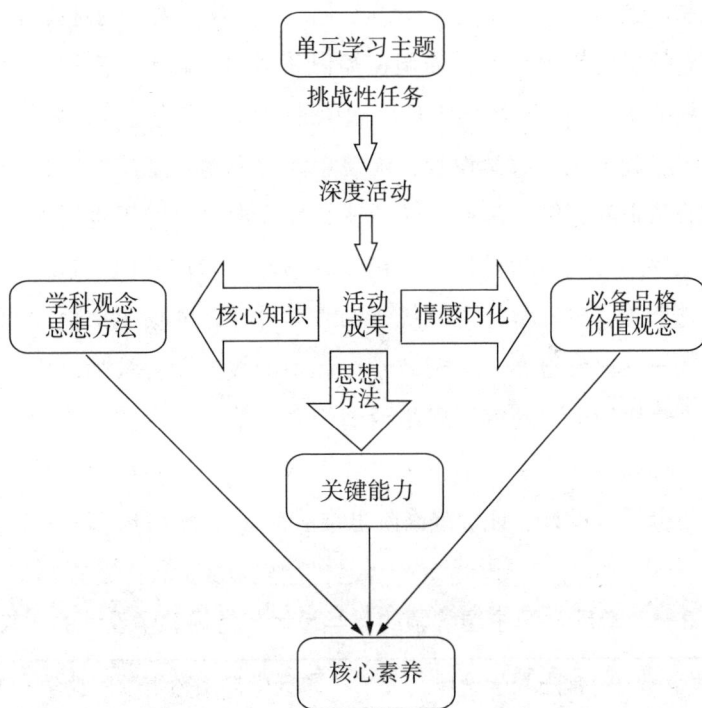

图 2-2 单元学习主题统领的教学与核心素养的关系

单元学习主题统领的教学有利于学生构建知识结构和解决问题，学生在解决问题的过程中获得发展，获得解决一类问题的方法和经验。例如"为我的易拉罐材料代言"单元学习主题教学，学生通过亲身实

践，解决了易拉罐材料的选择问题，获得了金属性质这一化学核心知识，建构了从化学视角进行材料选择和使用的思路方法。通过对该主题的学习，当在新情境中遇到类似的材料问题时，学生能够自主调用建立的问题解决经验、思路方法去解决问题。

二、单元学习主题统领的教学设计与常规教学设计的区别

单元学习主题统领的教学设计不同于常规的教学设计。常规的教学设计依据教科书呈现的教学内容，教学目标以知识为主；单元学习主题统领的教学设计，围绕单元学习主题进行教学内容的选择和组织，形成更有功能的知识结构，强调在知识获得的基础上，发展学生的化学学科核心素养。常规教学设计以知识的逻辑顺序为主确定教学顺序；单元学习主题统领的教学设计，围绕单元学习主题形成驱动性任务系列，综合依据问题解决过程、学生认知发展顺序、知识逻辑顺序等确定教学顺序。常规教学设计主要包括教学环节和环节间的过渡、素材例证的选取等；单元学习主题统领的教学设计，依据驱动性问题设计学生活动及其评价方案。常规教学设计中的教与学，教师以启发讲授为主，学生以识记、理解等思维活动为主；单元学习主题统领的教学设计，教师以引导为主，学生采用合作探究、交流展示等多种学习方式，进行分析、设计、评价等高阶思维活动（见表2-1）。

表2-1 单元学习主题统领的教学设计与常规教学设计的比较

比较维度	常规教学设计	单元学习主题统领的教学设计
教学目标	以知识目标为主。	在知识获得基础上，培养和发展化学学科思想方法和化学学科核心素养。
教学内容	教科书呈现的教学内容及其组织方式。	围绕主题，进行教学内容的选择和组织，形成更体现学科思想方法与核心素养，更有应用功能的知识结构。

续表

比较维度	常规教学设计	单元学习主题统领的教学设计
教学组织与顺序	按照教科书编排的知识顺序，以知识的逻辑顺序为主。	围绕主题，形成任务系列，综合依据问题解决过程、学生认知发展顺序、知识逻辑顺序，确定不同课时的具体任务和教学顺序。
教学过程设计	教学环节及各环节间的过渡衔接、素材例证的选取。	根据具体任务或者驱动性问题，设计学生活动及相应的评价方案。
教与学方式	教师以启发讲授为主，学生以识记、理解等思维活动为主。	教师以引导为主；学生采用合作探究、交流展示等多种学习方式，进行分析、评价、设计等高阶思维活动。

第二节　怎样进行初中化学深度学习的教学设计

要进行单元学习主题统领的教学，需要明确化学核心知识承载的核心素养，明确该单元学习主题中核心知识的已有教学在培育学生核心素养方面存在的问题。

为什么要抓化学核心知识的教学？因为核心知识更具有教学价值和功能，能够承载化学学科核心素养。一般来说，概念原理性知识比事实性知识更重要，更能够促进学生建立认识角度和认识思路，发展学生的认识方式。

例如，分子、原子是初中物质构成主题的核心知识，在发展学生宏观辨识与微观探析的核心素养方面具有重要价值。审视分子、原子核心知识的教学，需要考察它是否让学生形成了从分子、原子角度认识物质的分类、组成及其变化的视角，是否促进学生建立了宏微结合的认识方式。如果没有达到如上宏微结合的素养发展目标，需要深入思考和探查教学中存在的问题是什么，并针对问题进行相应的教学改进。

设计以单元学习主题统领的单元教学，具体包括五部分内容：确定单元学习主题、确定单元学习目标、整体规划单元学习主题的教学、设计单元学习活动、设计持续性评价。

一、确定单元学习主题

从内容单元到单元学习主题是深度学习的重大突破。常规的内容单元，指的是以知识逻辑关系为主的知识专题，体现的是知识逻辑顺序的教学先后顺序。深度学习倡导单元教学，"单元学习主题"是课程实施的单元，以学科核心素养及其进阶发展为目标，对相关教学内容进行整合，体现学习目标、学习情境、学习活动和学习评价的一致性。

确定单元学习主题有多种思路。（1）直接采纳教科书中的学习单元。如果教科书中的学习单元已经很好地体现了学科知识结构、学科思想，体现了与现实生活的联系，就可以直接采用或者稍加调整，确定单元学习主题。（2）对教科书章节（专题）内的教学内容进行整合，或者通过寻找涵盖核心知识的实际问题确定单元学习主题。（3）跨教科书的章、专题，甚至跨学科，以真实复杂情境下的一系列问题构建单元学习主题。

单元学习主题的大小要适当，原则上以4~10课时为宜，太小难以成为主题，太大则难以操作。单元学习主题涵盖了学科核心知识，大部分的学习内容，不是所有的知识点都必须纳入单元学习主题，一部分细节知识可以用深度学习的理念，引导学生的自主、实践性学习。

如何确定单元学习主题？如图2-3所示，确定单元学习主题时要基于课程标准、化学核心知识的知识结构和学生经验。单元学习主题可以是社会性议题或者热点问题，也可以是日常生产生活需要解决的问题，还可以是化学学科问题。学生身边需要解决的实际问题更具有驱动性，学生更有兴趣去解决。当明确单元学习主题后，还需要多维审视该单元学习主题是否涵盖了化学核心知识，是否承载了化学学科核心素养，是否贴近社会和生活，是否真实且有意义，学生是否感兴趣，是否具有可操作性。

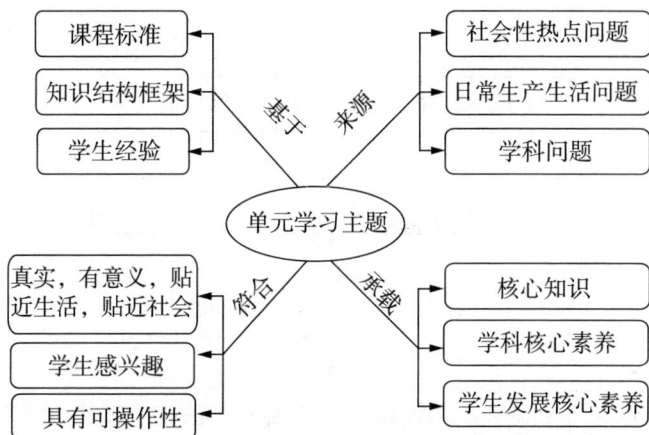

图2-3 确定单元学习主题的框架

1. 单元学习主题的基本类型

一般来说，化学学科有两大类单元学习主题：促进学生认识能力发展类、实际问题解决类。

促进学生认识能力发展类单元学习主题。以学生的认识能力发展为整体目标，并且将这一目标作为整个教学的外显线索，不同课时、阶段教学间的关系是认识能力的进阶。例如，多角度认识化学反应、探索燃烧的奥秘、从微观视角认识溶液、定量认识化学变化、构建微观模型等都属于促进学生认识能力发展类单元学习主题。

实际问题解决类单元学习主题。以问题解决为整体目标，并且将这一目标作为整个教学的外显线索，单元内不同课时间的递进关系遵循问题解决的路径，体现了该类问题解决的思维框架。例如，环境问题解决——酸雨、为我的易拉罐材料代言、制作简易制氧机、低碳行动、从自然界中的盐到餐桌上的盐、厨房优化计划等都属于实际问题解决类单元学习主题。

2. 确定单元学习主题的方法

确定单元学习主题是深度学习教学设计的第一步，其思路流程如图 2-4 所示。

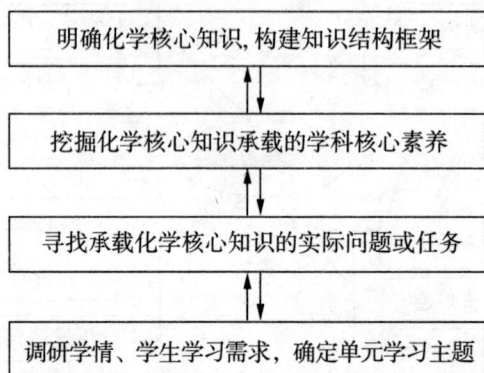

```
┌─────────────────────────────────┐
│ 明确化学核心知识，构建知识结构框架 │
└─────────────────────────────────┘
              ↕
┌─────────────────────────────────┐
│ 挖掘化学核心知识承载的学科核心素养 │
└─────────────────────────────────┘
              ↕
┌─────────────────────────────────┐
│ 寻找承载化学核心知识的实际问题或任务 │
└─────────────────────────────────┘
              ↕
┌─────────────────────────────────┐
│ 调研学情、学生学习需求，确定单元学习主题 │
└─────────────────────────────────┘
```

图 2-4 确定单元学习主题的思路流程

明确化学核心知识，构建知识结构框架。通过研究化学课程标准和教科书，结合对化学学科知识的理解，明确化学核心知识，构建知识的结构框架。如初中金属内容，如果更多关注的是金属本身的知识内容，包括金属的性质、金属的应用、金属的制备等，那么构建出来的知识结构如图 2-5 所示。

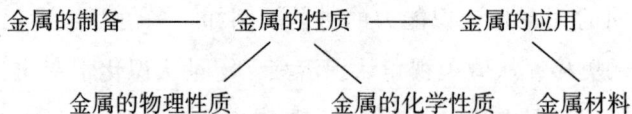

```
金属的制备 ——— 金属的性质 ——— 金属的应用
                 ╱      ╲           ╲
        金属的物理性质  金属的化学性质  金属材料
```

图 2-5 关注知识本体的初中金属知识的结构框架

如果要整合与金属相关的内容，不仅要考虑金属这一知识本身的结构框架，还要考虑金属应用的材料领域的结构框架（材料的成分、性能、制备、使用等），并且将材料的结构框架和金属知识的结构框架构建联系，组建出更加整合的金属知识结构框架（如图 2-6 所示）。

构建的整合的知识结构框架，可以是不同水平的。越高水平的知识结构框架，越能包含不同维度的内容，越能反映学科本质和学科思

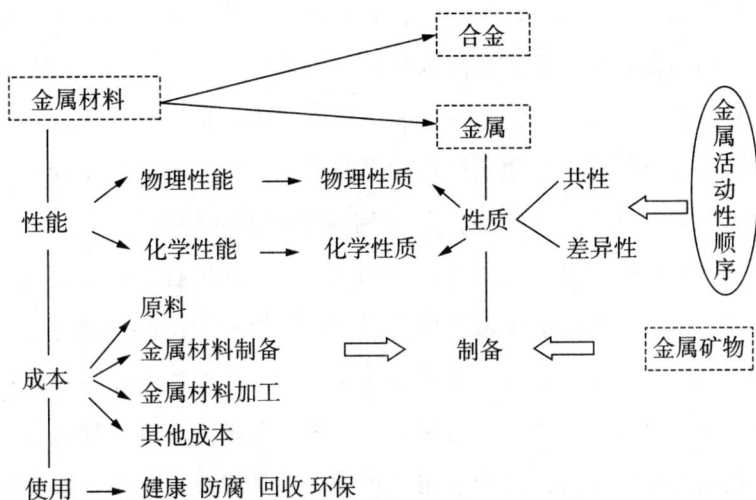

图2-6 整合的初中金属知识的结构框架

想方法。教师不仅要关注教科书中某节（课题）下的具体知识，更要关注整章（单元）的知识，挖掘不同节（课题）、章教学内容之间的关系，重视生产生活实际、科学探究与化学知识间的联系。如关于初中金属的知识，《义务教育化学课程标准（2011年版）》中除了规定"了解金属的物理特征，认识常见金属的主要化学性质，了解防止金属腐蚀的简单方法；知道一些常见金属（铁、铝等）矿物，知道可用铁矿石炼铁；知道在金属中加入其他元素可以改变金属材料的性能，知道生铁和钢等重要合金"，还有联系实际的内容："认识金属材料在生产、生活和社会发展中的重要作用""认识废弃金属对环境的影响和回收金属的重要性"，还与课程标准中的其他内容专题——化学与社会发展（化学与能源和资源的利用、常见的化学合成材料、保护好我们的环境、化学物质与健康）、科学探究专题密切相关。

挖掘化学核心知识承载的学科核心素养。深度学习的目标不仅是让学生获得核心知识，更要让学生获得学科核心素养的发展，也就是在知识学习的基础上，发挥知识的育人价值。核心知识是有功能的，是能够承载化学学科核心素养的。越是核心的知识，越具有教育价值。

如何挖掘知识的教育价值？首先需要知道化学学科核心素养有哪些，然后结合具体知识进行深入分析。构建知识结构有助于挖掘知识的教育价值。例如，构建初中金属主题的知识结构，有助于挖掘出金属内容承载的研究一类物质性质的思路方法，这属于"科学探究与创新意识"核心素养的发展点。如果构建的知识结构包含了材料维度，就能进一步挖掘出金属性质与材料的关系，体现出材料问题分析的基本框架，体现出从化学视角分析金属材料选择和使用的思路方法。如果知识结构中整合了物质制备及使用与环境、社会的关系，就能够挖掘出金属内容承载的"科学态度与社会责任"核心素养，通过分析金属矿物的开发和金属材料的使用对环境、人类健康、社会发展带来的影响，促使学生权衡利弊，在分析实际问题时结合可持续发展价值观念，锻炼学生做出决策的能力。

寻找承载化学核心知识的实际问题或者任务。情境化的教学更能培养学生的化学学科核心素养，更能体现知识的育人价值，也更能体现知识的应用价值，更能培养学生的问题解决能力，更具有驱动力和挑战性。因此明确了知识的结构，确立了核心知识承载的学科核心素养，还需要寻找承载核心知识的问题或者任务。特别是学生感兴趣的热点问题，或者学生身边需要完成的实际任务。例如，与金属相关的实际问题包括：易拉罐材料的选择与使用、不锈钢保温杯的选择与使用、合理使用金属制品等。

调研学情、学生学习需求，确定单元学习主题。通过对学生的访谈或者调查问卷，了解学生感兴趣的与核心知识相关的实际问题或者任务，考虑学生的问题解决能力，进而确定单元学习主题。例如，结合日常生活中与金属材料密切相关的、学生感兴趣的问题——易拉罐材料的选择与使用，进而确定单元学习主题"为我的易拉罐材料代言"，这一主题属于实际问题解决类单元学习主题。实践表明，这类单元学习主题非常受学生欢迎，主题名称彰显挑战性和驱动性。

3. 诊断单元学习主题质量的方法

如何诊断单元学习主题是否合适？好的单元学习主题往往涵盖核心知识，体现知识结构框架；有稳定的认识领域和研究对象，需要一定的认识角度和思路；有真实的客观存在或者应用；与其他内容专题具有实质性联系，具有复杂性和综合性，承载全程持续学习；学生感兴趣，具有驱动性，可实施；单元学习主题名称彰显挑战性或者体现化学学科核心素养，如基于证据探索物质构成的奥秘，从化学视角分析解决环境问题——酸雨等（见表2-2）。

表2-2　高质量单元学习主题的诊断依据及示例

诊断依据	示例（"为我的易拉罐材料代言"）
涵盖化学核心知识，体现知识结构框架	化学核心知识：金属的性质。 知识结构框架：金属的存在—性质—制备—应用之间的关系。
有稳定的认识领域和研究对象	认识领域：材料；研究对象：金属。
需要独特的认识角度和认识思路	认识角度和认识思路：金属的制备—金属的性质—金属的使用；材料的制备—材料的性能—材料的使用。
有真实的客观存在和应用	客观存在和应用：日常生活中的金属制品；金属材料的选择和使用。
与其他内容专题具有实质性联系	与其他内容专题的联系：化学与社会发展、科学探究。
具有一定的复杂性和综合性	为易拉罐材料代言，需要综合考虑材料的性能、材料的成本、材料与人体健康的关系、材料对环境的影响等多方面的问题。
受学生欢迎，具有驱动性，可实施	通过调研发现学生对易拉罐材料的选择感兴趣，任务具有可操作性，所需要的基本资料、实验材料等学校能够提供，能够在课堂上开展活动。
主题名称彰显挑战性、核心素养	"代言"彰显挑战性。

二、确定单元学习目标

1. 深度学习单元学习目标的特点

深度学习的单元学习目标与常规学习目标的相同点是：知识目标都符合化学课程标准和教科书的基本要求，水平符合学生的已有基础。

深度学习单元学习目标与常规学习目标存在的区别在于深度学习的单元学习目标有以下特点：（1）以核心知识为载体，指向学生对学科思想和方法的理解，指向迁移应用所学知识和方法解决问题的能力；（2）关于学科思想方法和核心素养方面的目标不是泛泛而谈，而是具体、明确、可测查的；（3）知识、方法、观念、能力等各维度是整合的，紧密结合在一起的，一般通过主要活动或者问题解决获得核心知识，建立解决问题的思路方法，培养必备品格和价值观念。常规学习目标往往以知识与技能目标为主，过程与方法、情感态度与价值观目标比较泛化，缺少针对性和具体化，很难进行测查和评价，并且各维度目标往往是孤立的，缺少联系与融合，导致难以在教学中落实。

通过上述分析，我们可以用表 2-3 中的内容检验单元学习目标是否符合深度学习的要求。

表 2-3 深度学习单元学习目标的检验

要素	内容
一致性	体现化学课程标准和教科书的主要知识，水平符合学生实际情况。
发展性	以化学核心知识为载体，指向学生对化学学科思想和方法的理解，迁移应用化学知识、学科思想方法解决问题能力的发展。
可测性	具体可测查，体现期望学生达到的程度。
整合性	体现不同维度目标的整合，核心知识、关键能力、必备品格、正确价值观念的融合。

例如，"为我的易拉罐材料代言"单元学习目标为：

◎通过金属易拉罐材料的选择和使用问题的解决，学习金属的物理性质、化学性质（与氧气、稀酸、金属化合物溶液的反应），感受金属材料在社会发展中的重要作用；体会物质分类研究的基本思想，建立研究一类物质性质的基本思路和方法。

◎了解金属的制备方法，讨论生产中的原理和技术问题，理解金属制品回收的必要性和重要性，建立金属回收利用的基本意识；探究金属制品腐蚀现象，认识金属腐蚀的实质，了解金属制品防腐的措施。

◎初步建立材料选择和使用的基本思路和方法，学习从化学视角分析材料问题，应用可持续发展、绿色化学观念分析解决与材料相关的实际问题。

◎依据金属性质和金属使用中的注意事项，合理选择和使用金属制品。

"为我的易拉罐材料代言"单元学习目标，不仅包含核心知识的目标，还体现了核心知识的育人价值，有具体程度的表述，可测查。特别是，关于化学学科思想方法和核心素养方面的目标，不是泛泛而谈，而是具体明确的。例如，"感受金属材料在社会发展中的重要作用""应用可持续发展、绿色化学观念分析解决与材料相关的实际问题"体现了科学态度与社会责任核心素养。"体会物质分类研究的基本思想，建立研究一类物质性质的基本思路和方法""初步建立材料选择和使用的基本思路和方法，学习从化学视角分析材料问题"体现了科学探究与创新意识核心素养。

此外，"为我的易拉罐材料代言"单元学习目标还整合了与金属相关的具体内容及其活动，体现目标与学习内容的紧密性，确保目标能够落实。在以往的学习目标中，经常出现过程与方法、情感态度与价值观目标比较泛化的问题，例如"初步认识原子模型，了解化学现象的本质，提升解析化学现象的能力；建立微粒观，了解人类探索物质微观结构的重要成果"。这种情况是特别需要避免的，因为泛化的学习目标难以在教学中真正落实。

如表 2-4 所示，我们选取金属性质单元学习主题，比较了常规学习目标与深度学习单元学习目标的区别。

表 2-4　金属性质常规学习目标与深度学习单元学习目标的比较

常规学习目标	深度学习单元学习目标
知识与技能： 知道铁、铝、铜等常见金属与氧气的反应；初步认识金属活动性顺序和置换反应。 **过程与方法：** 初步学会运用观察、实验等方法获取信息，能用文字、图表和化学语言表述有关信息；初步学会运用比较、分类、归纳、概括等方法对获取的信息进行加工，逐步形成良好的学习方法和习惯。 **情感态度与价值观：** 激发学生学习化学的兴趣；培养学生勤于思考、严谨求实、勇于实践的科学精神；引导学生了解化学与日常生活和生产的密切联系。	①通过金属易拉罐材料的选择和使用问题的解决，学习金属的物理性质、化学性质（与氧气、稀酸、金属化合物溶液的反应），感受金属材料在社会发展中的重要作用；体会物质分类研究的基本思想，建立研究一类物质性质的基本思路和方法。 ②了解金属的制备方法，讨论生产中的原理和技术问题，理解金属制品回收的必要性和重要性，建立金属回收利用的基本意识；探究金属制品腐蚀现象，认识金属腐蚀的实质，了解金属制品防腐的措施。 ③初步建立材料选择和使用的基本思路和方法，学习从化学视角分析材料问题，应用可持续发展、绿色化学观念分析解决与材料相关的实际问题。 ④依据金属性质和金属使用中的注意事项，合理选择和使用金属制品。

2. 确定单元学习目标的方法

确定单元学习目标时，要将单元学习主题承载的化学学科核心素养具体化，要把知识、方法、能力、观念、态度等进行整合。确定单元学习目标的思路流程如图 2-7 所示。

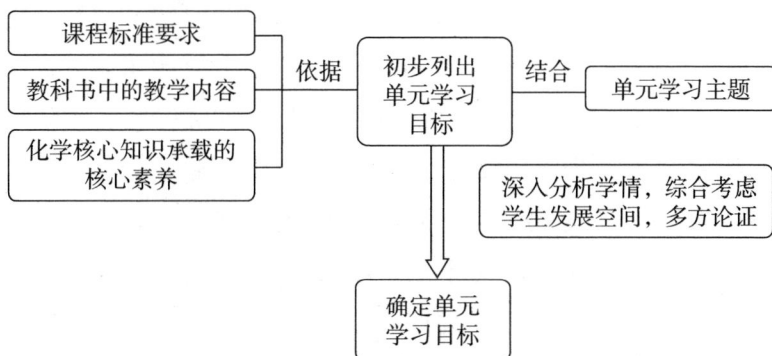

图 2-7　确定单元学习目标的思路流程

　　首先，依据课程标准要求、教科书中的教学内容，以及化学核心知识承载的核心素养，结合单元学习主题，初步列出单元学习目标。化学课程标准中的内容标准规定了课程内容及其基本要求；教科书给出了具体的教学内容，通过单元学习主题对教学内容进行了重组和整合，明确了需要落实的化学学科核心素养；结合单元学习主题，将核心素养具体化。教师要将课程标准、教科书、单元学习主题三者相互结合，综合分析，初步列出单元学习目标，特别是化学学科核心素养层面的具体学习目标。

　　单元学习目标一定要体现内容主题的特点，抓住核心知识，明确核心知识的育人价值，将核心知识与化学学科思想方法紧密结合。例如，《义务教育化学课程标准（2011 年版）》"身边的化学物质"专题中"金属与金属矿物"规定：了解金属的物理特征，认识常见金属的主要化学性质，了解防止金属腐蚀的简单方法；知道一些常见金属（铁、铝等）矿物，知道可用铁矿石炼铁；知道在金属中加入其他元素可以改变金属材料的性能，知道生铁和钢等重要合金；认识金属材料在生产、生活和社会发展中的重要作用；认识废弃金属对环境的影响和回收金属的重要性。教科书中呈现的主要教学内容包括：金属的性质（物理性质、化学性质）、金属的制备、金属的应用（金属的腐蚀与防腐、金属材料、合金）。这些教学内容承载的化学学科思想方法和化学学科核心素养有：金属性质与材料的关系；材料问题的基本分析框架（材料的性能、成本、使用）；从化学视角分析金属材料问题的思路方法；研究一类物质性质的思路方法；科学态度与社会责任——科学合理应用物质，对环境友好，绿色应用。"为我的易拉罐材料代言"主题涉及金属材料的选择与使用、回收问题。将这些内容综合后，得出围绕易拉罐材料的选择与使用问题，获得金属性质、金属制备、金属应用的化学核心知识，通过问题解决过程，获得研究一类物质性质的思路方法、依据物质性质选择和使用材料的基本方法，提升依据物质性质科学合理使用物质的核心素养。

*其次，结合学情分析，综合考虑学生发展空间，多方论证，确定单元学习目标。*由于深度学习非常强调学生在学科核心素养方面的发展，制定学习目标要明确具体的学科思想方法。这就需要了解学生的已有观念、方法、能力、素养水平，只有这样，才能确定通过单元学习主题教学期望学生达到的水平。由于以往教师更多关注的是学生在具体知识方面的学情，因此在确定单元学习目标时，教师需要通过访谈、问卷调查等方法确定学生在观念、方法、能力、素养方面的已有基础。同时，综合考虑学生发展空间，确定核心素养方面目标的具体内容及其水平，进而确定单元学习目标。

学情分析框架如图 2-8 所示。

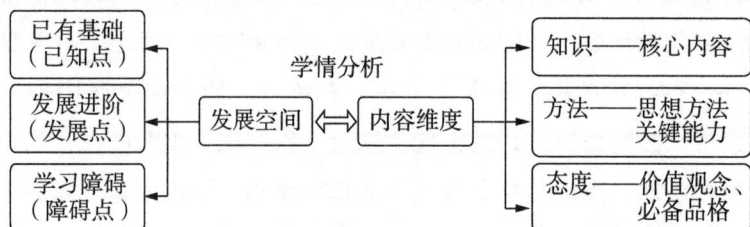

图 2-8　学情分析框架

"为我的易拉罐材料代言"教学案例，采用了调查问卷探查学情，具体的问题如表2-5所示。调研结果表明：学生初步具备了研究单一物质的基本方法，缺乏研究一类物质的基本方法、思路；初步学会了一些简单的实验操作和实验方法，实验探究能力、对物质性质的探究方法需提升；能从生活视角认识较为复杂的实际问题，缺乏化学视角，很难将复杂生活问题转化为化学问题。据此，设计了上面所述的"为我的易拉罐材料代言"单元学习主题的学习目标。

表2-5　"为我的易拉罐材料代言"单元学习主题的学情调查问卷

我们将学习金属单元。为了更好地实施金属单元的教学，促进同学们对物质及其变化认识的深入发展，特设计此问卷来调研同学们对金属的相关认识。此问卷不涉及成绩，不记名，请同学们认真作答。

1. 化学的核心任务之一是研究物质。你认为研究物质应该主要研究哪些方面？研究物质性质的思路和方法是什么？

2. 对于金属你有哪些认识？有哪些感兴趣的内容想进一步学习？（请尽可能有条理、多角度地呈现）

3. 在日常生活中，金属制品无处不在。请谈谈你对金属制品的认识。

4. 关于金属制品的材料选择，有人认为根据实际需要，只需考虑金属的性能、价格。你同意这样的观点吗？为什么？

三、整体规划单元学习主题的教学

1. 单元学习主题教学整体规划的程序

确立单元学习主题之后，教师要进行单元学习主题的整体规划，综合考虑问题解决过程、知识逻辑顺序、学生的认知发展及能力发展。单元学习主题教学的整体规划一般分为三个阶段：设计问题；规划课时及其安排；系统审视，优化设计（如图2-9所示）。

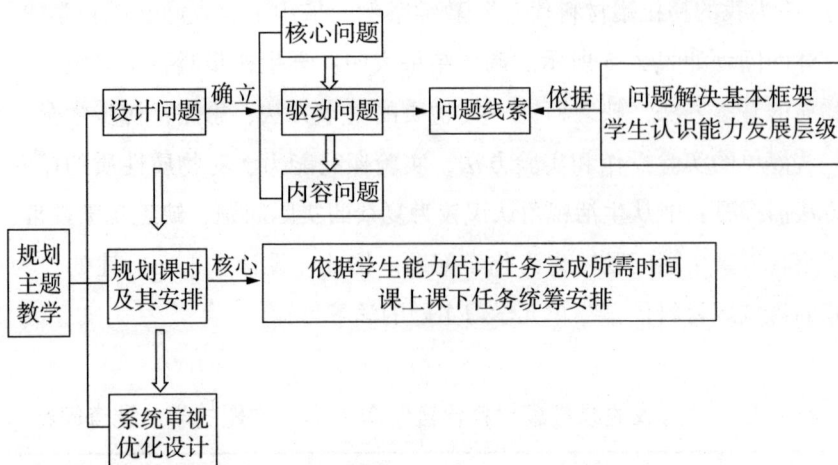

图2-9 单元学习主题教学整体规划的程序

第一阶段：设计问题，包括确立主题的核心问题、驱动性问题和内容问题。依据主题确立核心问题，然后依据核心问题解决的基本框架、学生认识能力发展层级设计驱动性问题。核心问题是主题的关键问题，是要解决回答的复杂问题。驱动性问题一般具有普适性和开放性，符合完成主题教学的基本思路和框架，值得不断探究，能激发学生的好奇心，并且需要高层次思维。例如，"为我的易拉罐材料代言"主题的核心问题是"如何为你的易拉罐材料代言"；驱动性问题包括"金属易拉罐材料应该具备哪些性能""金属易拉罐材料的成本由哪些因素决定，基于成本角度你选择哪种金属""金属易拉罐使用应注意哪些问题"。内容问题指向事实性知识和基础性技能，有明确的答案，一般是事实，支持驱动性问题的完成。"为我的易拉罐材料代言"主题的内容问题包括"金属的硬度、延展性、熔点是怎样的""金属与氧气、稀酸反应吗""如何从铁矿石得到铁单质""工业上采用怎样炼铝的方法""怎样得到铜单质"等。"为我的易拉罐材料代言"单元学习主题的问题设计如图2-10所示。

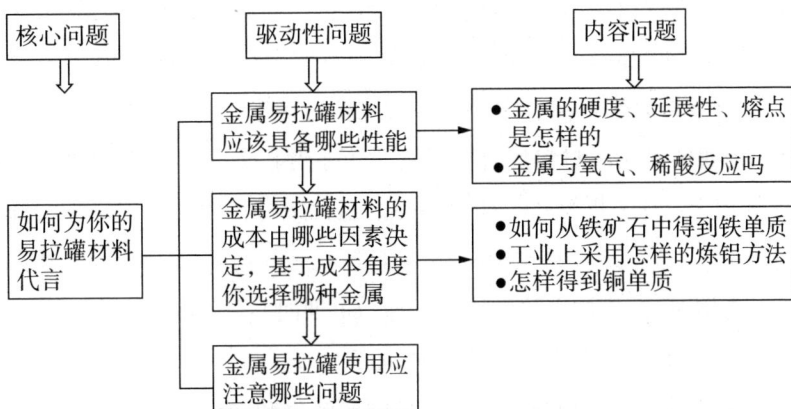

图 2-10 "为我的易拉罐材料代言"单元学习主题的问题设计

第二阶段，规划课时及其安排。首先依据学生能力估计任务完成所需的时间，进而规划每个任务和问题的课时及其安排。将整体教学内容与该主题有关的内容进行比较分析，尽可能通过单元学习主题涵盖主要的教学内容（实在无法进入主题的，需要掌握的零散知识点可以在单元学习主题教学的不同阶段进行专门的梳理）。然后确定每课时需要完成的任务，明确具体问题、知识、活动、素材等。在该阶段需要统筹安排课上和课下任务，确保需要教师指导的核心活动在课上进行，学生可以自主完成的任务在课下完成；课下任务是课上任务的延伸或者为课上任务提供基础。

第三阶段：系统审视，优化设计。再次检查确认：主题教学是否涵盖了化学核心知识；是否围绕单元学习主题，合理设计了驱动性问题；是否将教学内容与问题解决进行了较好的融合；是否体现了问题解决的思路和框架；是否为学生化学学科核心素养的发展提供了合适的活动；课上课下任务安排是否合理且有可操作性。根据发现的不足，进行教学设计的改进和优化。

2. 实际问题解决类单元学习主题的教学规划

进行实际问题解决类单元学习主题的教学规划时，需要综合考虑实际问题解决过程、知识逻辑顺序、学生的认知发展，围绕单元学习主题设计驱动性问题，把问题解决的基本框架作为明线，把知识的落实、化学学科思想方法、学生能力发展作为暗线。

"为我的易拉罐材料代言"单元学习主题作为实际问题解决类，其教学规划为：任务拆解——如果为你的易拉罐材料代言，需要考虑哪些方面（1课时）；研究易拉罐材料的性能（2课时）；研究易拉罐材料的成本（2课时）；易拉罐的使用和回收（1课时）；成果展示"为我的易拉罐材料代言"（1课时）如图2-11所示。

在规划该类主题教学时，要避免问题解决和知识两张皮。习惯注重知识教学的教师容易只看到知识点而忽视问题解决过程。要让学生在解决问题的过程中获得知识，而不能为了落实某个具体的知识点，割裂学生的问题解决过程。

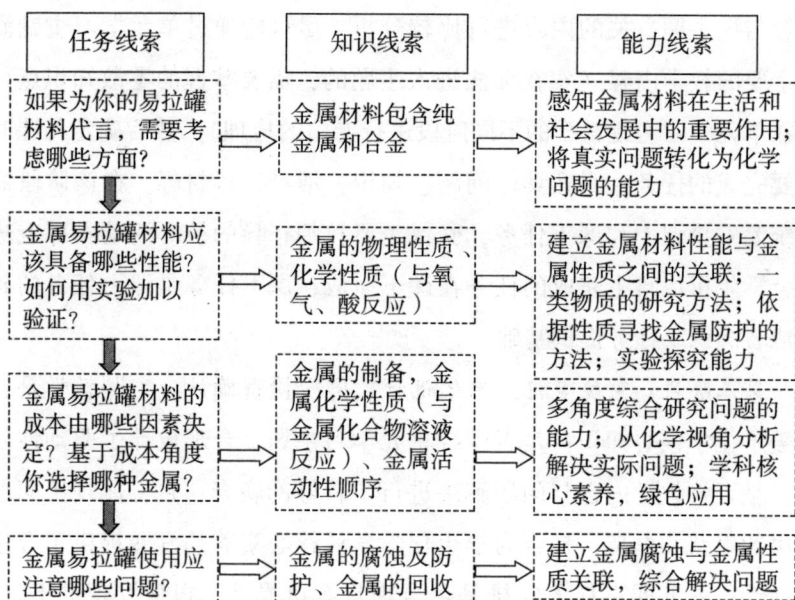

任务线索	知识线索	能力线索
如果为你的易拉罐材料代言，需要考虑哪些方面？	金属材料包含纯金属和合金	感知金属材料在生活和社会发展中的重要作用；将真实问题转化为化学问题的能力
金属易拉罐材料应该具备哪些性能？如何用实验加以验证？	金属的物理性质、化学性质（与氧气、酸反应）	建立金属材料性能与金属性质之间的关联；一类物质的研究方法；依据性质寻找金属防护的方法；实验探究能力
金属易拉罐材料的成本由哪些因素决定？基于成本角度你选择哪种金属？	金属的制备，金属化学性质（与金属化合物溶液反应）、金属活动性顺序	多角度综合研究问题的能力；从化学视角分析解决实际问题；学科核心素养，绿色应用
金属易拉罐使用应注意哪些问题？	金属的腐蚀及防护、金属的回收	建立金属腐蚀与金属性质关联，综合解决问题

图 2-11 "为我的易拉罐材料代言"单元学习主题规划

3. 促进学生认识能力发展类单元学习主题的教学规划

进行认识能力发展主导的单元学习主题教学规划时，首先需要构建单元内学生的认识能力发展层级，即明确教学单元内学生认识能力的起点、终点和认识能力发展的"台阶"，并据此构建课时的顺序及安排。在整个教学单元内，学生的认识能力层层发展，螺旋上升，不同课时实现认识能力发展层级中的一个个"台阶"。如图2-12 所示。

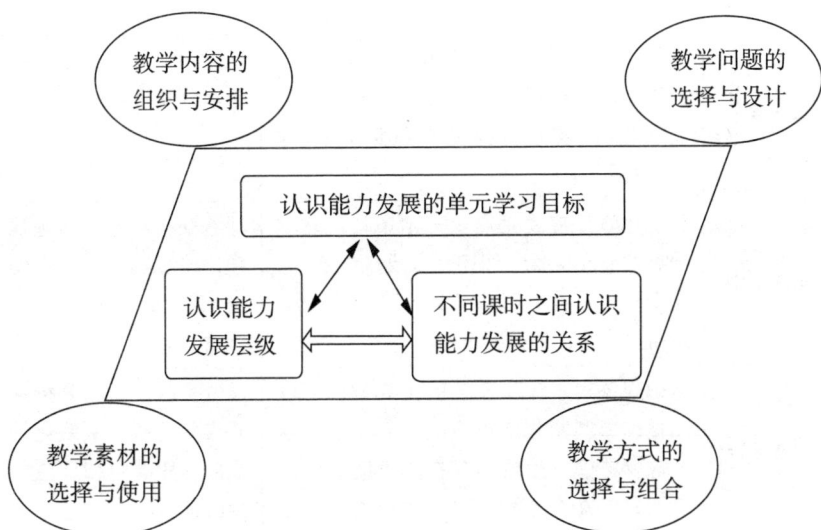

图2-12 促进学生认识能力发展类单元学习主题教学规划

例如，"多角度认识物质的化学变化"单元学习主题教学旨在帮助学生在复习阶段进一步建立和深化对化学变化的认识角度，包括物质转化、能量转化、反应现象及条件等，通过多课时教学逐渐深化学生对化学变化从宏观到微观、从定性到定量、从孤立到系统的认识水平。该单元学习主题教学规划示例见表2-6。

表2-6　"多角度认识物质的化学变化"单元学习主题教学规划

单元学习主题：多角度认识物质的化学变化 认识能力核心目标：建立和深化对化学变化的多个认识角度，形成系统认识		
课时	认识能力目标	驱动性问题与任务
第1课时	从物质转化和能量转化的角度认识化学变化，认识到化学变化为人类带来了更多更好的物质；化学变化中的能量转化给人类生活带来了改善。	分析汽车中与化学变化相关的问题。
第2课时	深化微粒观，能用微粒的观点解释某些常见的现象。发展微粒观，建立微粒与化学变化之间的联系，能从微观角度分析化学变化的实质。	从微观、定量的角度分析水分解等化学变化。
第3课时	认识化学反应发生需要一定条件，建立通过控制反应条件调控化学反应的意识，认识到通过控制反应条件，可使反应的发生符合人们的需要。	观看获奖科学家事迹视频，动手实验，研究使过氧化氢迅速分解的方法。
第4课时	认识现象对于化学反应的重要性，能够依据现象判断化学反应的发生。学会从反应物减少或生成物存在的角度证明没有明显现象的化学反应发生的实验方法。	通过实验，讨论分析判断二氧化碳与氢氧化钠反应、酸碱中和反应发生的证据。

四、设计单元学习活动

1. 单元学习活动设计的要素

设计单元学习活动，需要设计的内容包括：活动目的与内容、活动形式与组织、活动素材的选取与使用。这些内容的设计需密切结合单元学习主题教学的目的，特别是要依据完成主题整体规划时确定的驱动性问题和内容问题所需要的活动。

表2-7是"为我的易拉罐材料代言"主题中"金属易拉罐材料成

本研究"的活动设计。

表2-7 "为我的易拉罐材料代言"主题中"金属易拉罐材料
成本研究"的活动设计

驱动性问题	活动目的与内容	活动形式与组织	活动素材的选取与使用
金属易拉罐的成本由哪些部分构成？	构建材料成本的基本角度：原料（金属矿石）、金属材料的制备、金属材料的加工。	学生个体思考、回答，不同的学生思考不同的方面，汇总形成全面系统的认识。	展示金属易拉罐的图片、生产易拉罐的视频。
金属铁、铜、铝分别做成易拉罐，成本是怎样的？	学生自主学习获得金属矿石、金属制备方法等方面的认识；从金属材料成本视角，对收集到的资料进行加工分析。	以小组合作形式，学生课下查找并整理资料，课上进行汇报展示。	学生汇报的课件、展板；我国矿石资源的分布。
如何从铁矿石中得到铁单质？	了解金属铁的制备，进而丰富和发展对制备成本的认识，特别是对金属制备过程中设备、能源、环境等成本的认识：原料的成本（加工处理）、条件（高温）、产物（废气、废渣的处理）。	小组交流研讨：在从铁矿石中得到铁单质的过程中，会有哪些成本？	工业炼铁的设备；实验室模拟炼铁；高炉炼铁资料：高炉炼铁生产流程长、占地多、投资大，低燃料比是当前高炉炼铁发展的必然趋势。
系统分析成本问题：金属矿石→金属单质→金属材料→金属制品	构建金属材料成本的分析框架：每个环节的成本如何？相邻环节间的关系，从成本上会带来什么？能源消耗的成本、对环境造成影响的成本如何？	教师引导，学生自主思考分析。	金属材料到金属制品的加工方式：铸造、压力加工、工件的连接与焊接、切削加工。

续表

驱动性问题	活动目的与内容	活动形式与组织	活动素材的选取与使用
金属铜、铝材料的成本如何？	了解金属铜、铝制备的方法，获得金属与盐溶液的反应知识，了解金属活动性顺序，体会金属制备中的技术问题。	小组实验探究：制备一种金属；汇报展示成果；实验中的现象与问题分析。	我国古代的湿法炼铜；制备金属材料铝——电解铝；常见金属的制备方法。
从成本角度选择金属易拉罐材料，你更青睐哪种金属？	解决从成本角度选择金属材料的问题，整理知识、方法。	教师引导总结，学生自主思考。	

2. 单元学习活动设计的方法与策略

根据解决驱动性问题和内容问题的需要设计合适的活动。 需要综合考虑驱动性问题和内容问题的需要与重要性（能否落实学生化学学科思想方法的建构和核心素养的发展）、学生的活动经验基础、教学时间安排等确定活动形式。越是需要学生建构问题解决能力，就越需要探究、研讨等活动形式，让学生经历自主解决问题的过程；越是重要的化学核心知识，就越需要学生经历探究、研讨等活动形式，让学生亲自经历知识的建构过程或者问题解决过程。不要盲目地让学生查找资料或者汇报，需要分析资料查阅和汇报的过程能够让学生收获什么，如果仅仅让学生获得事实性知识，就需要谨慎使用了。

确保核心活动的重要地位和实施空间。 由于教学时间有限，教师需要分析活动的主次，确保核心活动的重要地位和实施空间，确保核心活动的开放度，避免学生的实践性和自主性过小。重要的、需要教师指导的活动在课堂上进行，给学生充足的时间；次要的、学生能够胜任的活动课下进行。学科思想方法的获得，特别是化学学科核心素养的培育，需要学生真正自主进行活动，仅凭教师的阐述分析或者总结提炼是不能内化为学生的能力或者行为的。

统筹设计课上活动与课下任务。单元学习主题的活动设计，不仅要考虑不同课之间的活动关系，满足整个单元系统的问题解决框架或者学生认识能力发展的进阶，还要密切考虑课上活动与课下任务的统筹安排，满足课上活动与课后延伸的需要。例如，分析铁、铜、铝材料的成本这一驱动性问题，需要在课堂上进行深入的探讨分析，教师可先让学生课下自主查找资料，分析从成本的角度看，更倾向于选择铁、铜、铝中的哪种作为易拉罐的材料。该任务放在课下进行，既为课上研讨材料成本问题奠定了基础（学生初步具备了分析金属材料成本的基本角度），又让学生在查找资料解决问题的过程中获得了一些基本的化学知识（铁、铝、铜的制备方法等）；此外，也为课上的研讨提供了一些基本资料和认识。这种课下任务的设计既与学习目标一致，又具有驱动性，还能够服务于课上活动，保证学生参与课上活动的积极性和思维的深刻性，十分符合深度学习活动的特点。

综合多个方面考量活动设计的质量。为了确保活动的适宜性，需要对设计出来的活动从多个方面进一步考量：重要的活动是否与深度学习目标相契合；是否让学生参与了挑战性任务；重要的活动是否给予了充足的时间，是否让学生进行了充分实践或者完整体验；课上活动与课下任务是否有机结合，分配和衔接是否合理；在整个单元学习主题中，学生是否经历了多样化的活动形式；每个活动的目的与内容、形式与组织、素材选取与使用是否匹配，例如根据需要确定是否让学生进行资料的查阅和汇报，避免盲目地让学生活动。活动的目的是解决问题，根据问题的类型和解决问题的目的，选择适宜的活动形式。总之，应该讲解的时候，要讲解得清楚、到位；应该指导示范的时候，要指导得清楚、示范得清晰；应该让学生探究的时候，要让学生经历充分的探究过程。表2-8列出了检验深度学习活动设计的几个要素。

表2-8　深度学习活动设计的检验

要素	内容
一致性	学习活动内容、形式与深度学习目标相契合，落实化学学科核心素养。
系统性	各个活动间有紧密的联系，符合问题解决过程和学生认知发展规律。
挑战性	学习活动具有挑战性和适切性，能让学生深度参与并获得深刻体验。
实践性	学习活动是有教师指导的实践性活动，学生亲身经历问题解决过程或者有充分体验，有更多表达观点的机会，是外显其内隐思维的过程。
多样性	单元学习主题内使用多种活动形式，考虑学生多种学习倾向和学习风格，尽可能使每个学生各得其所。

五、设计持续性评价

深度学习综合项目组提出的深度学习的四个要素中，其中一个要素是"持续性评价"。持续性评价是指整个单元学习主题教学过程都要进行评价，包括教学前、后及教学中的重要环节。持续性评价的内容既包括化学核心知识评价，又包括化学学科思想方法、问题解决能力、必备品格和价值观念等评价，也就是要包含对化学学科核心素养内涵中的各个方面的评价。在单元学习主题教学中，学生的发展是通过一系列学习活动逐渐获得的，教师不仅要通过持续性评价诊断学生的素养水平，还要通过活动中的过程性评价促进学生化学学科核心素养的进阶。既然在单元学习主题教学的各个阶段都要进行评价，这就需要教师设计学习评价的整体方案。

1. 单元学习评价方案的设计原则

设计单元学习主题的评价方案时，要遵循过程性原则、导向性原则、全面性原则和激励性原则。

过程性原则，是指关注学生在单元学习主题学习过程中发展的核心知识和学科核心素养，要针对学生在活动中的表现设计相应的评价方式和评价工具；导向性原则，是指评价方式对学生要有一定的导向作用，学生可以根据评价来进一步规范自己的行为，不断地向标准靠近，向好的方向发展；全面性原则，是指要能够从多方面对每个学生进行评价，最终促进学生的全面发展；激励性原则，是指评价目的不是打击学生，而是促进学生的发展，因此采用的评价方式和方法要能够激励学生，保护学生的积极性，既要肯定学生的进步，又要指出存在的问题和发展的方向。表 2-9 列出了检验持续性评价设计的几个要素。

表 2-9　持续性评价设计的检验

要素	内容
一致性	与单元学习目标一致，指向理解和思维发展，确定清晰的评价目标和评价标准。
系统性	评价目标、评价标准、评价任务、评价方式、评价工具之间紧密关联。
过程性	评价和反馈贯穿学习活动始终，对学习过程和结果进行评价，评价反馈的内容具体，明确改进方向和目标，有利于学生理解。
激励性	采用多样化评价方式，指向目标达成、活动表现等，评价目标和评价方式激励学生在原有水平上发展。

2. 单元学习评价方案的设计方法

在单元学习主题教学中，学生的发展是通过一系列的学习活动逐渐进阶的，教师不仅通过持续性评价诊断学生的素养水平，还要通过活动中的过程性评价促进学生核心素养的进阶，并且依据学生的表现调整教学进程及活动。要达成上述目的，需要对持续性评价进行整体规划，设计持续性评价方案，具体包括评价目标、评价标准、评价任务、评价方式与评价工具。单元学习评价方案设计的思路和流程如图 2-13 所示。

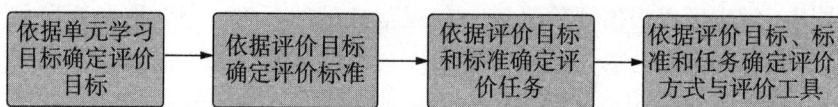

依据单元学习目标确定评价目标 → 依据评价目标确定评价标准 → 依据评价目标和标准确定评价任务 → 依据评价目标、标准和任务确定评价方式与评价工具

图 2-13　单元学习评价方案设计的思路和流程

评价目标与单元学习主题指向的学生化学学科核心素养发展目标要一致，评价标准指向化学学科核心素养具体内涵的活动表现，评价任务对应单元学习活动，评价方式要多样化，可以是教师和学生的即时点评、教师的阶段性总结评价，也可以是依据评价工具的活动表现评价等。表 2-10 列出了"为我的易拉罐材料代言"单元学习评价方案。

表 2-10　"为我的易拉罐材料代言"单元学习评价方案

序号	评价目标	评价标准	评价任务	评价方式与评价工具
1	诊断学生对物质性质的认识水平（多角度-系统-关联-宏微结合）。	是否能从多个视角对物质进行分类；是否能从物质的宏观性质和组成元素、构成微粒等方面确定金属发生化学变化的类型；是否能采用多种方式对物质及其变化进行表征。	对金属性质进行预测、分析、解释和推论的活动表现。	教师对学生书写的学案、发言进行即时反馈。

续表

序号	评价目标	评价标准	评价任务	评价方式与评价工具
2	诊断学生探究物质性质的能力水平（原型迁移）。	是否具有较强的问题意识，在与同学讨论的基础上明确探究问题，依据提出的假设设计实验方案，合作进行探究，收集实验证据，基于现象和数据进行分析，得出结论，交流探究成果。	分组实验中对物质性质进行预测、设计的活动表现，实施方案、记录现象及推理结论、反思及改进方案的活动表现。	教师对学生的发言进行即时反馈、依据活动观测量表进行观测评价。
3	诊断学生真实问题解决的能力水平（真实问题转化成化学问题，多角度认识物质思路方法的应用）。	是否能应用所学知识分析、论证材料制备过程对社会和环境可能造成的影响，是否能依据绿色化学思想探讨材料选择和使用对环境可持续发展可能产生的负面影响，是否具有根据实际情况分析和权衡利弊做出决策的意识。	"金属材料成本的影响因素"资料调研汇报、"是否停止使用金属易拉罐"辩论赛中的活动表现，"为我的易拉罐材料代言"成果展示。	对学习成果进行组间鉴定，教师集中点评，总结提升。

从表 2-10 的评价方案中可以看到，评价目标与该单元学习主题要培养的关键能力、必备品格、价值观念、核心知识发展目标一致，评价标准指向具体能力、核心素养水平及其活动表现，评价任务对应深度学习的活动，评价方式既有即时点评，也有集中概括点评，还有利用评价量表的反馈。

针对核心活动的评价需要结合一定的评价工具——评价量表，可以是教师的观测量表，也可以是学生的自我检查清单。设计观测量表，要根据评价标准进行等级细化，找到区分水平的差异点，确定等级指标，以便于观测打分。学生的自我检查清单的设计，需要遵循导向性和过程性原则，能够反映学生活动中的关键要素，引导学生能有积极的活动表现，促进学生的自我反思。观测量表及学生的自我检查清单示例分别见表 2-11、表 2-12。

表 2-11　"金属材料成本的影响因素" 资料调研汇报的观测量表

评价要素	评价等级				评价结果
	A	B	C	D	
核心知识	能充分、科学地运用有关金属知识进行阐述分析。	能比较科学地运用有关金属知识进行阐述分析。	能运用有关金属知识进行阐述分析，但存在科学性问题。	没有运用有关金属的知识进行阐述分析。	
实际问题解决能力	从原料来源、金属的制备、成品加工及ST-SE①等角度进行概括说明。	从原料来源、金属的制备、成品加工及STSE等角度进行说明，但是没有进行分类、总结、概括、说明。	从原料来源、金属的制备、成品加工及STSE等角度进行介绍，涉及的角度较少。	从原料来源、金属的制备及成品加工等某一方面进行介绍。	
科学态度与社会责任素养	能根据实际情况，自主依据绿色化学思想和可持续发展观念进行成本的综合分析。	能自主依据绿色化学思想和可持续发展观念进行成本的综合分析。	在分析成本的过程中，能够体现绿色化学思想和可持续发展观念，考虑到金属制备加工过程中对环境的影响。	在分析成本的过程中，更多关注的是原料来源、金属的制备及成品加工，没有关注到对环境的影响。	
汇报表现	自然大方，语言表达流畅，富有逻辑。能与听众很好地进行目光的交流，互动效果较好。汇报效果突出。	自然大方，讲解清晰，比较有逻辑。面向听众，有目光的交流。汇报效果较好。	仪态和表情有些不自然，声音较低。偶尔与听众有目光的交流。汇报效果一般。	声音低，不流畅。与听众没有目光交流，只是自己在说。汇报效果较差。	

---

① 科学（Science）、技术（Technology）、社会（Society）、环境（Environment）的英文缩写。

表 2-12 学生的自我检查清单

评价要素	是否有此表现	备注
实验前有方案设计和讨论的过程		
小组合作分工明确,有序进行实验		
边实验边记录实验现象		
正确取用药品,有控制用量的意识		
对实验结果进行分析、解释和讨论		
积极主动汇报实验结果		
其他小组汇报时认真倾听,必要时做记录		
对汇报的小组进行评价反馈、提问,合理质疑		

为了使深度学习的目标和活动更有针对性,在单元学习评价中包含教学设计阶段的学生测查或者访谈。对测查或者访谈结果的分析应指向学生的已有能力或素养水平及学习过程中可能存在的障碍点和发展点。例如,在"多角度认识物质的化学变化"主题教学中,教师通过分析调查结果发现学生在多角度利用化学变化方面有角度缺失(见表 2-13),由此进一步明确相应的学习目标。

表 2-13 "多角度认识物质的化学变化"主题教学的调查
统计及结果分析

问题	回答		统计结果(%)	结论
利用镁和氧气这个化学反应能做些什么?	能量角度	光能(闪光弹、镁光灯、烟花等)	72.2	学生对于熟悉的化学反应,从不同角度利用化学反应的认识是不均衡的,较多学生具备能量角度,较少学生具备物质角度,尚未有学生同时具备两个角度。
		内能(提供热量、自热米饭等)	16.7	
	物质角度	生成物(制氧化镁、涂料等)	25	
		反应物(消耗氧气、作脱氧剂)	11.1	
	能量、物质两个角度		0	

在设计单元学习评价方案时，还要预设学生的表现，进一步设计评价反馈的内容。与活动相融合的评价，需要教师关注如何对学生进行即时的反馈和指导。既要通过评价反馈帮助学生概括问题解决的思路和角度，还要通过追问引导使学生发现自己思维或者问题解决思路方法上存在的不足。在提前预设的基础上，结合课堂上学生的真实表现，进行有针对性的评价反馈。

例如，在"金属材料成本的影响因素"汇报环节，教师对学生的即时性评价和指导如下。

教师：在倾听其他小组汇报的时候，大家有没有总结观点？哪个小组能对刚才小组的表现进行评价？

学生1：我认为他从三个方面说了成本的问题。关于铁矿石和铝矿石在地壳中的含量；冶炼过程中的成本，铝要用电解，高炉炼铁是和燃料有关系的；最后就是关于国家政策和需求量方面。

教师：铝要用电解，高炉炼铁是和燃料有关系的，这是什么角度呢？（是生产工艺的角度）这取决于什么呢？对，制备过程中的反应。还有哪一个小组有不同的考虑因素，可以结合你们的海报来补充。

学生2：（走到海报前）还有加工工艺的成本，不同的易拉罐需要不同的样式，它们需要原料的多少不一样，有时可能要做得厚一点，需要投入更多的原料，因此加工工艺是影响成本的。

教师：他们总结出了加工工艺也会对易拉罐成本造成影响。这其实是和什么分不开的？对，是性能。

经过同学们的讨论，我们可以看到对金属易拉罐材料成本造成影响的因素大致归结为原料分布和品质、制备原理和工艺、材料性能和加工、环境和循环利用等，这些因素共同作用、相互制约。

　　汇报结束后，首先，教师引导学生围绕主题"金属材料成本的影响因素"进行互评。互评时，学生要对其他小组的陈述内容进行汇报角度的概括提炼。然后教师针对学生的互评内容进一步追问，引导学生建立影响因素与化学问题间的关联，如生产工艺与反应原理有关，加工工艺与材料性能、物质性质有关，等等。最后，教师进行总结和提炼，引导学生构架材料成本的分析框架。

　　经过上述环节，虽然完成了单元学习主题的教学设计，但还需要系统审视、优化设计，再次检查确认：是否涵盖了核心知识，是否为学生学科核心素养的发展提供了针对性活动，是否将教学内容与实际问题解决或者学生认识能力培养进行了较好融合；是否体现了解决问题的思路和框架；设计的驱动性问题和内容问题与单元学习主题是否吻合；课上活动与课下任务安排是否合理且有可操作性；持续性评价是否体现了主要的评价要素，评价工具是否可行。根据发现的问题，进行教学设计的改进和优化。

　　图2-14综合呈现了初中化学深度学习教学设计的环节和主要方法。

要素	内涵	方法与策略
确定单元学习主题	寻找能够统摄化学核心知识和化学学科核心素养、学生感兴趣、具有可操作性的实际问题或者任务	• 明确化学核心知识，构建知识结构框架 • 挖掘化学核心知识承载的化学学科核心素养 • 寻找承载化学核心知识的实际问题或者任务 • 调研学情、学生学习需求，确定单元学习主题
确定单元学习目标	围绕单元学习主题，明确期望学生获得的化学核心知识、关键能力、必备品格、价值观念	• 依据课程标准和教科书，依据化学核心知识承载的核心素养，结合单元学习主题，初步列出单元学习目标 • 结合学情分析，综合考虑学生发展空间，多方论证，确定单元学习目标
整体规划单元学习主题的教学	规划整个单元学习主题教学要完成的具体任务、课时安排	• 依据核心问题解决的基本框架、学生认识能力发展层级设计核心问题、驱动性问题和内容问题 • 依据学生能力估计任务完成所需时间，规划每个任务和问题的课时安排 • 系统审视、优化设计
设计单元学习活动	依据单元学习主题、学习目标、学生经验，设计能够促进学生充分实践和体验的多样化学习活动	• 围绕单元学习主题，设计活动目的与内容、活动形式与组织、活动的素材选取与使用 • 依据问题解决或者学生能力发展的需要，设计合适的活动，确保落实学生核心素养的发展 • 确保核心活动的重要地位和实施空间 • 为了确保活动设计的质量，需要综合多个方面进行考量和完善
设计持续性评价	设计贯穿整个单元学习主题教学过程的评价方案，包括评价目标、评价标准、评价任务、评价方式与评价工具	• 依据单元学习目标确定评价目标 • 依据评价目标确定评价标准 • 依据评价目标和标准确定评价任务 依据评价目标、标准和任务确定评价方式与评价工具

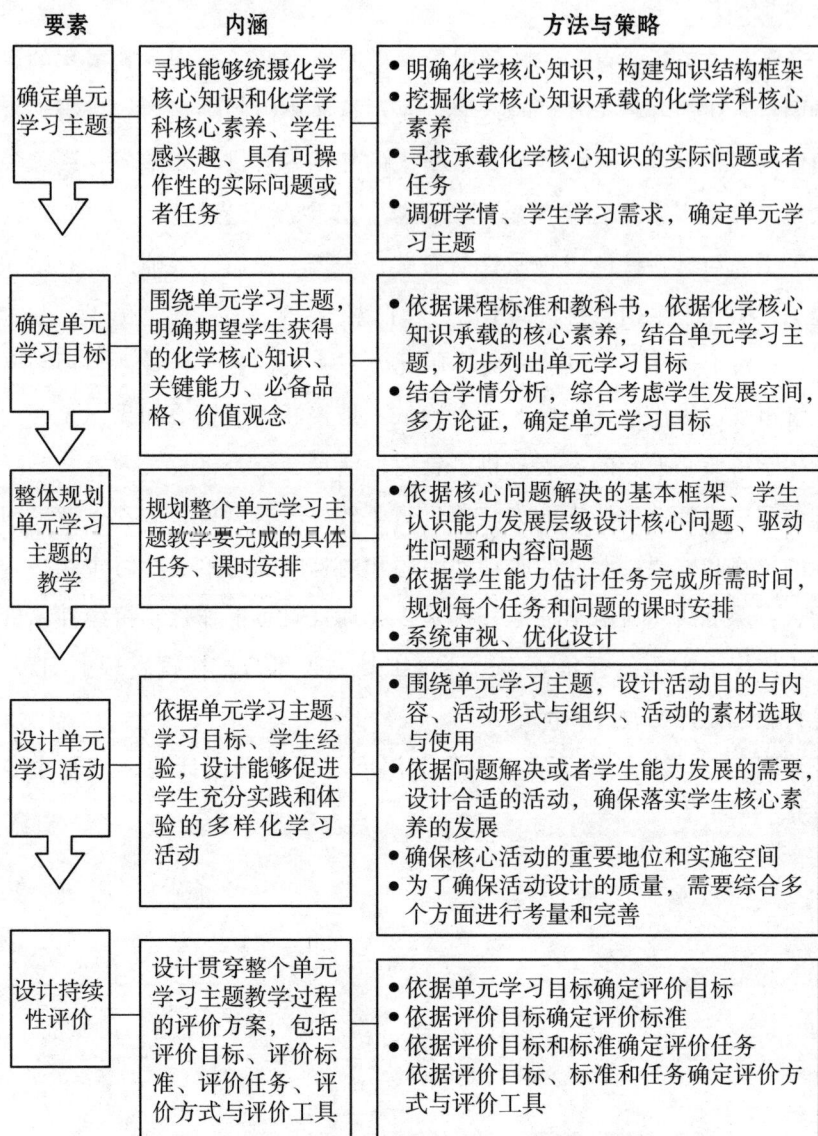

图 2-14　初中化学深度学习教学设计的环节和主要方法

第三章

初中化学深度学习的实施策略

第一节　教师怎样实施初中化学深度学习

教师在实施深度学习时，经常面对如下问题：即使设计了多样化的学习活动，但实施时却变成了教师的启发讲解，没有让学生充分实践体验；由于让学生充分探究和体验，课上时间很紧张；学生呈现了丰富多彩的表现，教师不知如何对学生的表现给予反馈评价，课堂上出现了较多与预设不一样的情况等。面对这些问题，教师需要具备一些基本的应对策略，更需要通过教学实践，逐渐形成实施深度学习的教学观念和教学行为。

一、指向深度学习的化学教学实施的关键要素

指向深度学习的化学教学实施，关键在于实现学生的充分实践体验，让学生亲历问题解决过程。教师需要思考是否让学生真的进行活动，是否提示问题解决的角度和思路，是否示范问题解决的角度和思路，这是教学开放度的重要指标。虽然教师在备课中已经对单元学习主题教学进行了规划，但这并不代表学生一定要完全按照教师规划的进行，教学中要充分体现学生解决问题的自主性。

指向深度学习的化学教学实施，需要充分预设与生成。教师要预设和捕捉学生核心素养的行为表现（关键能力、必备品格等），根据学生的实际，及时调整教学活动。由于深度学习强调学生的自主体验和实践，开放性比较大，与教学预设不一致的"意外"情况发生的概率较大。为了能够及时应对"意外"，顺利开展活动，在活动实施之前，教师需要做到精心备课，根据学生的知识和能力基础、思维发展水平，从学生视角分析核心活动，提前预设学生可能出现的问题，并想好对策。对于临时出现的"意外"，教师要分清主次，明确每个活动要达到的目标，将学生的行为与活动目标进行关联，做出应对，不要被"意

外"牵着走。教师需要不断地积累和反思，丰富学科知识，总结实施开放性活动的经验，才能运用简明、学生能够理解的语言对超出范围的问题进行解释。

指向深度学习的化学教学实施，需要实现深度互动。基于学科核心素养发展的需要，实现对话、追问和思维外显化。应用信息技术提高交流的效率和深度，信息技术手段给学生提供了多样的展示方式和途径，学生可以运用演示文稿、视频、微信群、公众号等多种方式展示学习成果和作品，还可以实现生生之间的充分交流，深度研讨，甚至相互评价。单元学习主题教学中，需要丰富的学习资源，包括实际问题的素材、真实的场景图片、问题解决需要的资料等，这些都可以通过信息技术手段更加有效地提供和呈现，可以运用演示文稿、平板电脑、公众号等方式让学生更加直观地获得信息。教师还需要不断积累经验，明确如何开展有针对性的追问和引导，外显学生问题解决的思维过程，外显关键能力和必备品格等。

指向深度学习的化学教学实施，需要指导与讲解到位。教师要进行必要的示范，呈现相关的资料、证据，给予有针对性的反馈评价，外显和提升解决问题的方法和思路。教师需要真正了解学生，明确学生在问题解决和学习过程中的障碍和困难，针对核心素养发展的需要，给学生提供问题解决的资料和方法支架，对学生在问题解决过程中的表现，给予有针对性的评价反馈，让学生更好地了解自己的优势和存在的不足，促进学生核心素养的持续进阶。

二、指向深度学习的化学教学实施的关键策略

1. 让学生亲历问题解决过程

教师在常规教学中习惯直接给学生讲授问题的解决方法，而这也导致教师在实施深度学习时会出现代替学生解决问题的情况。虽然教

学设计中已经有较好的驱动性问题和活动，但在教学实施过程中，一些教师会不自觉地把问题解决和活动变成启发讲解过程，而没有让学生真正经历问题解决过程。如在单元学习主题教学引入阶段，没有给学生足够的时间讨论问题的拆解及解决方法。在"从自然界中的水到千家万户的水"主题教学中，教师没有先让学生讨论"要想将自然界的水送到千家万户，需要解决哪些问题，如何解决"，而是直接让学生讨论自然界中水的成分。

教师在教学中要充分体现学生解决问题的自主性。要让学生先设计问题解决的"旅程"，可以通过头脑风暴的方式，让学生充分提出自己的想法。通常学生的想法比较具体、发散，教师需要引导学生进行总结提炼，逐渐形成问题解决的基本思路。如在"酸雨"主题教学中，教师先让学生谈谈计划从哪些方面进行研究，学生普遍想到要研究"如何防治酸雨""酸雨有哪些危害""酸雨是如何形成的"等，按照研究问题的逻辑，教师就可以将学生想要研究的问题归纳到所设计的任务中，从"酸雨的成因"到"酸雨的危害"，再到"酸雨的防治"。

2. 过程技能的指导

在单元学习主题教学中学生需要具备分工合作、交流表达等过程技能。实践发现，学生往往在合作、资料加工等方面存在不足。例如，学生仅仅通过互联网检索信息，对信息的使用也只是简单的复制粘贴。学生在小组合作过程中，常常不能进行合理分工，有些学生作为旁观者，没有参与到小组活动中，主动承担小组责任和义务的意识薄弱。针对学生在过程技能方面存在的具体问题，教师需要有计划地开展培训和指导。可通过技能检查清单对学生的表现进行评价，课上及时进行反馈，让学生了解他们的优势和不足，引导学生进行改进。关于信息加工技能的培养，教师应根据学生的表现，抓住时机进行指导，示范信息检索行为和策略。例如，当浏览一个有很多信息的网站时，只记录需要的信息，可以浏览副标题，跳过那些无用标题所对应的内容，也可以通过阅读每段的第一句话，快速了解主要内容等。对于初中学生来说，在阅读和合作方面需要教师给予特别的关注和指导。如在初中实施"物质构成的奥秘"教学时，关于化学史和化学家的资料较多，学生由于没有养成良好的阅读习惯和技能，面对大段文字抓不住主要内容，需要教师指导如何阅读，如浏览、精读、画重点、标注等，同时进行持续性的评价反馈。

3. 课上活动与课下任务统筹安排

深度学习以学生为中心，开放性比较大，导致课上教学时间有时会比较紧张，出现没有按照预期完成任务的情况，甚至由于一些功能价值不大的环节占用过多时间，导致对学生的能力提升有较大促进作用的总结环节没有时间实施。在时间安排方面，教师要做到有的放矢，统筹安排课上活动和课下任务，课上开展核心活动，如汇报、交流、实验等功能价值更大的活动，课下完成学生能够自己完成的如基本方程式的书写练习、性质总结及自我评价等活动。此外，在实施课上活动过程中，教师要加强管理，需要提醒小组明确分工，提高小组合作和交流的效率。比如"为我的易拉罐材料代言"主题教学，在汇报查阅的资料"影响金属材料成本的因素"环节中，教师让每个小组都进行了汇报。学生的汇报中有很多内容是重复或者相似的。针对这一现象，教师应该在课前通过评价量表对学生的成果进行评价反馈，选出具有代表性的成果在课上汇报，并让其他小组进行补充。

4. 系统性、针对性评价的设计与实施

深度学习强调单元学习主题教学，一个单元学习主题是一个系统性的整体，由一系列相关性的任务构成。这种持续性彰显了学习过程的重要性，它强调学生在单元学习过程中的发展与进步，必然要求教师对学生进行过程性的评价与反馈。实践显示，不少教师在这方面存在明显的不足，他们不清楚采用什么样的方式对学生进行评价才能更好地促进学生的发展，不知道有哪些评价方式及具体的做法。

在整个单元学习主题教学中要对学生的核心素养进行持续性评价，主要包括三个部分：核心活动的评价（小组或个人评价），阶段性进展及小组表现的评价（小组评价），单元学习总结的评价（个人评价）。教师可以分别设计相应的等级评价量表、自我反思记录表或活动表现观察记录表进行针对性的评价。单元学习总结的评价是一种有效的落实学生知识和能力、促进学生进行反思的方法，可以从知识方法的梳理总结、自我反思、问题及其解决办法这几个要素进行评价。核心活动的评价是对学生活动过程中思维技能的运用、化学学科思想方法的掌握、小组合作的表现、小组汇报的表现等方面进行评价。通过对学生活动过程中的表现进行评价，帮助学生更好地了解自己的优势和存在的不足。

5. 对"意外"的应对与处理

深度学习强调学生的自主实践，开放性比较大，"意外"情况发生的频率较高，需要教师机智应对，灵活处理。

例如，在研究金属腐蚀条件的汇报中，有个小组依据金属保温杯不应该盛放雪碧的生活经验，预设酸性溶液会腐蚀金属，开展了醋酸与铁钉的研究，在汇报中提出了问题：研究过程中发现试管口的橡皮塞被崩开，观察到铁钉表面有气体生成，好奇这是什么气体。学生汇报中提出的问题是教师安排在后面的学习内容（金属与酸的反应）和实验活动（金属与稀硫酸、盐酸的实验）。面对课堂教学中出现的这个"意外"情况，教师充分肯定了学生的细心观察和发现问题的能力，并且抓住这个教学时机，调整了教学安排，将后面的教学活动提前，及时开展了针对这个问题的探究，让大家都观察铁钉放到稀酸中的情况，分析实验现象，得出结论。这样的应对"意外"的教学处理，不但解决了汇报学生的问题，也满足了其他学生的好奇心，避免了在此处简单应对学生的问题，在后面的教学中再生硬提出金属与酸反应的情况。

6. 有效应用信息技术手段，促进深度学习的有效实施

在实施深度学习的过程中，可以充分有效地应用信息技术手段，解决一些实施中的具体问题，使教学实施更加丰富生动。单元学习主题教学，需要丰富的学习资源，可以通过信息技术手段更加有效地提供和呈现，让学生更加直观地获得信息。信息技术手段给学生提供了多样的展示方式和途径，实现生生之间的充分交流、深度研讨。利用信息技术还可以解决教学时间紧张的问题，对于一些需要学生掌握的、简单的、事实性知识，可以让学生通过微视频在课前学习，对于一些需要学生了解的实际问题的背景，也可以让学生通过微视频在课前了解，这样为课上的核心活动提供了基础，让学生在课上有更充分的时间和空间进行探索和体验。当然，也可以通过信息技术手段进行课前或课后的指导和培训。在"重污染天气下是否应该实施汽车限行——社会性科学议题探讨"单元主题教学中发现，学生普遍缺乏对社会性议题的基本了解，不清楚课上活动的意图和应该解决问题的实质，学生在科学论证方面的能力水平偏弱。针对这些问题，教师制作了介绍社会性科学议题的微视频、科学论证的基本要素及其水平的微视频，让学生运用平板电脑进行自主学习。这一措施的采用，为课上的重要活动——论证重污染天气下是否应该实施汽车限行，提供了重要保障，确保了课上学生不偏离主题，能够进行深入的较高水平的论证活动。此外，教师还将一些重要的相关信息放在了平板电脑上，学生在论证活动中根据需要自主进行资料的选择和使用。为了便于学生的交流，教师让学生通过平板电脑将各自小组的成果上传，教师应用投屏技术将有代表性的论证图示进行全班展示，实现了学生间的深入、充分的交流。这些措施都是有效运用信息技术的表现，体现了信息技术手段在提供丰富资源，实现深度交流、多样展示、个性学习等方面的积极作用。

7. 通过不断学习和实践获得实施深度学习的专业发展

深度学习强调以任务和问题解决为依托组织教学内容，以学生为

主体开展教学活动，以多样化的问题解决策略展示学习成果。这些典型特征要求教师熟悉主题教学，具有跨学科的综合问题解决能力及团队合作的精神和创设学习情境的能力，需要对自身在教学过程中的角色进行重新定位，教师不再仅是知识的传授者，更应成为活动开展的组织者、引导者、咨询者和评价者。但是在实施深度学习时，教师固有的教学行为和习惯可能会在一定程度上影响实施效果。因此，教师要想更好地实施深度学习，就要改变教学理念和行为，让深度学习理念和学习方式逐渐变成设计和实施教学的习惯，逐渐改变教学行为。例如，教师有意识地预留出时间让学生质疑，激发学生探究和分享观点的意识和能力；尝试关注学生过程技能的培养，在不同的教学阶段，有意培养学生的过程技能。

实施深度学习，需要教师不断实践，不断改进，并在这个过程中获得专业发展。实施深度学习，需要教师从学科核心素养的视角不断更新其对化学学科和教学内容的认识；从培育学生化学学科核心素养的视角，设计和实施学习活动；根据课堂上学生的表现和活动效果，不断调整和优化学习活动；不断学习如何更好地指导和评价学生。这些对学科知识的理解、对学习活动设计的优化、对学习活动的实施策略，都是通过不断学习和实践获得的，教师切不可遇到一两次实践效果不佳就轻易否定、放弃，而应该不断地通过教学实践获得在实施深度学习方面的专业发展。

三、教师进行教学实践后对深度学习的再认识

深度学习教学改进项目特别强调教师在教学实践中去认识、去理解、去反思、去提炼。很多教师在积极探索具体教学案例的过程中，对深度学习有了深刻的体验和思考，为其他即将实施深度学习的教师提供了认识深度学习的一些角度。

1. 实施深度学习是促进学科核心素养落地的教学改进过程

实施深度学习，不仅仅是公开课、示范课的教学，而且要在平常的教学中实现学生的深度学习。实施深度学习，不是否定原来的教学，而是对已有教学的继承和发展，继承已有教学中促进学生核心素养发展的有效经验和做法，促进学生核心素养发展不足方面的改进。下面是一些教师在实施深度学习后的有代表性的感想和认识：

❖ 我以前认为大部分教学研究都特高端，不接地气。这次我彻底清醒了，深度学习项目就是优化我们平时的教学，就应该做到和平时的教学有机结合，如此才更能符合学生的认知发展，提高学生发现和解决实际问题的能力。

❖ 深度学习告诉我们，围绕核心概念的深度学习不耽误教学进度，反而节约了课时，学生在解决挑战性任务时对反映学科本质的思想方法理解得更加深刻。

❖ 深度学习传达了一种学习理念——教学的深刻性即教学的有效性，关注学生思维最深处对知识的真正认识，关注学生能力的培养。

❖ 深度学习是真实的学习，真实的学习是发生了内化作用的学习，这个过程更多地发生在学生深入思维阶段。

2. 实施深度学习需要全面系统的改进

实施深度学习，不是局部改变，需要结合学生的实际情况，对学习目标、学习内容、学习活动、学习评价、学习资源进行系统的建设和改进。实施了深度学习的教师对这方面的体会很深刻：

❖ 实施深度学习，需要围绕学科核心内容把课本相关章节整合起来……

❖ 学生的深度学习不仅在课堂上，也延续到了课外。需要对单元教学中的学生课内外活动的内容、任务进行整体架构和规划，并对学生在活动过程中可能出现的问题、困惑进行充分预设，进而设定学生核心任务的评价指标，形成课上对学生活动进行评价、反馈及师生互动的预案。

❖ 不同学生在深度学习活动中表现不同，面临的问题和困难不同，需要教师提供的支持也不同。同样的学习主题、同样的情境和问题，可以设计不同的学生活动，提供不同的活动支持。

3. 深度学习项目的研究成果为教学实施提供了重要支持

教育部基础教育课程教材发展中心组织的深度学习教学改进项目经过多年的理论研究和教学研究，积累了丰富的研究成果。从教学理论到教学设计，再到教学实践模型；从单元学习主题的确定到单元学习目标的确定，到单元学习活动的设计，再到持续性评价的设计，相关的原则、方法、策略；从教学案例的开发到教研工作的保障，再到学校的管理与推进：这些成果不但来源于教学研究，还经过了大量的教学实践检验，为深度学习教学实施提供了重要支持。应用这些成果实施深度学习的教师感慨道：

❖ 深度学习为教师提供了一个上"好课"的框架，将教师已有的知识和教学经验提炼、外化，可操作性强。

❖ 深度学习教学设计四个要素是高水平教学设计的基本框架。

❖ 依据深度学习的教学指导开展教学，能够实现核心素养为本的教学。

第二节　教研如何保障初中化学深度
学习的实施

深度学习的实施，是系统的教学改进和优化，不但需要进行单元学习主题教学的整体设计，还需要配套的教学资源；不但需要教师更新对教学内容的认识和理解，还需要具有相应的教学理念和教学行为。如果教师单独开展这样的教学实践，具有相当大的难度。因此，实施初中化学深度学习，需要化学教研组形成教学共同体，教师们共同研究，共同学习，共同建设；需要区域教研进行引领和指导，促进不同学校间教学研究共同体的形成与合作。

一、区域教研推动化学学科深度学习实施的工作策略*

为使深度学习教学实践有序、高效开展，需要从区域及学校层面整体规划教学实践进程，组建教学研究团队。建议以区域学科教研员为牵头人，各实验学校的化学教研组组长、授课教师为团队核心成员，其他化学教师全员参与研究，共同探索和梳理深度学习实施的思路和推进机制。

1. 深度学习教学实践的思路

（1）基于学生的核心素养发展描画深度学习。基于学生的核心素养发展描画深度学习，是案例研发始终应遵循的原则。学生在课堂上能够进行深度学习是教学的理想样态，那么，什么样的学习是深度学习？如何判断学生是否进行了深度学习？需要聚焦学生的全面发展、聚焦化学学科的育人价值来思考上述问题。

深度学习给学生带来的应该是其学科核心素养的发展，诸如《普

---

* 来自北京市海淀区教师进修学校的实施经验。

通高中化学课程标准（2017 年版）》中提出的宏观辨识与微观探析、变化观念与平衡思想、证据推理与模型认知、科学探究与创新意识、科学态度与社会责任等学科核心素养的发展。化学学科核心素养发展的表现除了化学学科知识技能的丰富之外，还应包含化学学科观念及思维方式的建立，应用化学知识解决真实问题的思路及方法的形成，以及基于化学知识和思维的科学价值观的确立。

（2）基于已有研究保障深度学习教学设计四个要素一致。单元学习主题、单元学习目标、单元学习活动、持续性评价是深度学习教学设计的四个要素，从单元学习主题确立、目标细化和分解，到活动的设计和安排，再到评价方案的制定，应保证四个要素的一致性，这是实现指向学生核心素养发展的深度学习的保障。这需要对基于具体教学内容的深度学习案例进行整体规划和设计，需要借助已有的教学研究成果。

可结合区域的研究经验对已有研究进行梳理。以北京市海淀区为例，区域已有的教学研究包括中学化学情境教学研究、高中化学模块精品课程建设、中学生化学学科能力及其表现研究、初中化学教学关键问题分析和解决等。从已有研究成果中的教学实践策略中反思哪些是与深度学习教学理念相一致的，将这些策略进行概括提炼后再进一步丰富完善。这样既能借助已有的研究结论丰富案例研发的思路和策略，又能体现出研究的持续性。

（3）基于课堂教学实践探索教学改进。深度学习教学实践指向教学改进，因此需要研究团队聚焦教学实践，调研教师的教学现状，分析教学实然情况与深度学习教学的差异及可能的成因，讨论确定教师课堂教学中的真问题。

在问题解决过程中，高校专家、区域教研员和学校一线教师形成研究共同体，深入课堂开展行动研究。通过问卷测查、学生访谈、教师访谈等共同完成施教、反馈和改进的任务，开展持续性评价，达成深度学习目标，在解决教学问题的同时梳理问题解决思路和方法。

（4）基于深度学习推进尝试教研创新。深度学习教学实践过程中的教学案例研发从化学学科核心教学内容切入，指向化学学科育人价值，关注核心内容对学生化学学科核心素养发展的教学价值。学科育人的价值导向、深度学习教学案例的持续改进和推广示范，带动区域教研、校际联片和校本教研的内涵发展和形式转变。

深度学习教学实践的过程为区域、联片及校本研修的主题、内容和形式均注入创新活力。教研主题聚焦学生核心素养研究和深度学习教学策略探索，教研内容从化学学科、课程、教学和学生等多角度系统展开，教研形式体现深度参与、多方互动。以深度学习教学研究项目为载体的学科教研模式为多层级、立体化开展教研活动及教师培训提供了示范和引领，也为区域骨干教师队伍的专业提升探索了新的途径。

2. 深度学习教学研究项目工作推进机制

深度学习教学研究项目遵循"研训整合、试点先行、逐步拓展、持续改进"的指导思想进行工作推进。

（1）将深度学习的案例研发与区域、校际连片及校本研修活动进行紧密整合及整体规划，通过案例研发逐步形成对深度学习教学的理解，达成理念共识，基于深度学习理解带动新的案例研发。

（2）以2~3所学校为首批实验学校，按照深度学习教学研究项目规划，选择部分年级的核心教学内容作为案例研发的试点课题，实验校联合确定主题，集中研讨、试讲和改进，共同进行案例研发，探索案例研发、共享和改进的工作机制和流程。

（3）总结案例研发的思路和机制，扩大实验校范围，吸纳有深度学习教学实践意愿的学校教师加入研究团队。结合区教研主题和进度规划案例研发清单，以区教研活动为平台，展示已研发的教学案例，促动区域范围内关于深度学习的思考和研讨。

以北京市海淀区为例，项目团队依据上述推进机制，经历了以下四个项目实施阶段（如图 3-1 所示）。

图 3-1　项目实施的四个阶段

第一阶段：总项目组培训，建立团队（北京市海淀区教师进修学校附属实验学校、北京市八一学校初三备课组），合作研发样例"多角度认识物质的化学变化"。

第二阶段：专家、教研员、6 所实验校教师深度合作；整体规划、集中研讨；重点跟进三所实验校（中国人民大学附属中学、北京市八一学校、北京市中关村中学），进行试讲、访谈、测查等。

第三阶段：以初三和高一年级为主，整合区域教研活动与案例研发工作，另有学校（北京一零一中、北京理工大学附属中学等学校）自主加入，逐步扩大项目实施范围。

第四阶段：从初三到高三四个年级的区域教研均以深度学习为主题，将深度学习教学理念与教学模式渗透到教师的日常教学中。

通过上述四个阶段的深度学习教学项目实践，研究团队在基于深度学习的教学案例研发及教学改进策略等方面逐步达成共识，最终形成体现深度学习理念、落实深度学习四要素的系列教学案例。深度学习教学项目推进在区域教研层面经历了由点到面、逐步扩大的过程，教研团队以案例研发为任务驱动，引导区域内教师对深度学习从理念认同到行为落实，形成深度学习教学项目的区域推动机制，并取得了丰富的项目成果。

二、校本教研推动化学学科深度学习实施的工作策略 *

深度学习落实到教师身上，就是要落实到每个教学设计、每节课堂、每个教学活动中，使核心素养扎实地落到学生身上。教师只有经历了课堂教学中的碰撞与触动，才能更好地理解深度学习。推动学生深度学习的过程，也是教师深度学习的过程。

1. 构建基于教学案例的研修共同体

深度学习是教学改进项目，教师需要通过教学案例的设计和实施，不断地学习和理解。因此，有必要构建基于教学案例的研修共同体，联合教研员、教学专家或其他学校的教研组。研修共同体要根据教学内容，基于教学现状，结合学生的基础，以内容主题为导向，以学生核心素养发展为目标，参考已有的研究成果，进行教学案例的开发和探索。

2. 实施深度交流、全员参与的螺旋上升的研修过程

教学案例的研发过程，可以采用"以骨干带团队"逐渐发展的策略。项目开展伊始，让骨干教师在专家指导下先进行案例研发，之后骨干教师带着青年教师一起合作进行案例研发，再然后教研组每位教师独立实施深度学习，逐渐进行推广。从备课到试讲到正式讲，研修共同体全程深入参与，基于课堂观察的证据，基于学生访谈的证据，不断进行案例的优化。具体过程包括：集体确立教学内容和改进方向—授课教师独立备课—集体备课研讨—授课教师再备课—授课教师试讲、学生访谈、集体指导下的教学优化—授课教师再修改—授课教师正式讲、学生访谈—集体探讨总结。

3. 研修资源的传承应用：建设不断发展的教学资源包

尽管每次教研教师都参与，但不同教师参与的程度是不一样的，

---

* 来自北京市八一学校化学教研组的实施经验。

收获也有较大区别。为了更好地传承和发展，可以对每个教学案例进行整理，形成教学资源包，便于教师学习和使用。并利用教研活动让授课教师进行说课，分享理解和收获。在下一个备课组实施教学前，让授课教师再次阐述设计意图，并与备课组一起备课。实施过教学的教师在沉淀一段时间后，对教学案例的设计有更深的理解，下一个备课组再实施时，会根据学生情况和自身风格进行改进，实践过的教学案例在新的一轮实施中得到了传承和发展。比如"酸雨"主题教学项目，第一轮实施，在实验班进行了大项目式的教学，第二轮实施时不仅在实验班进行，在普通班也进行了局部实施。

此外，教研组鼓励并创造条件让教师参加各种培训活动，及研究课、说课等展示活动，使教师经历学习—实践—再学习—再实践的过程。当教师们通过教学案例实施对深度学习有了一定理解之后，再参加理论学习，就会很快将理论与亲身实践结合，深入反思自己的教学，这样一来，再实践时就会有较大提高。在校本研修中，可以请教师结合教学实践谈学习体会，并将其学习后的教学思考纳入资源包中。

专家深度参与下的跟进式专题校本研修，能够促进教师在深度学习中不断加深理解，用自己教学行为的转变促进学生深度学习，在教学中真正实现"提升学生核心素养，形成科学的世界观，为学生终身发展奠基"的教育目标。

第四章

初中化学深度学习的
教学案例

案例 一

支持航天员呼吸的气体环境探秘

授课年级：九年级

单元总课时：3 课时

设计者：尹博远①　张永梅②　陈伯瀚③

执教者：张永梅

◉ 单元学习主题

1. 主题名称

支持航天员呼吸的气体环境探秘。

2. 主题的解读

本主题整合了人教版化学教材九年级上册第一单元的主要内容，包括吸入与呼出气体成分的探究、物理变化和化学变化以及部分基本实验操作。对应课程标准中科学探究主题和物质的化学变化主题的部分要求。同时，本主题是初中化学学习的起始课，承载引导学生建立化学视角、体验化学学科方法、锻炼基本实验技能等教学功能，并起到激发学生学习兴趣、启发学生创造性、使学生形成对化学学科的基本认识和积极态度等作用。

从教育价值的角度看，载人航天对人类而言是具有挑战性的话题，学生对此很感兴趣，充满好奇，也有进行研究和设计的动力。本主题

① 工作单位为北京市海淀区教师进修学校。

② 工作单位为北京市育英中学。

③ 工作单位为首都师范大学附属中学。

开放空间大，可以使学生充分释放创造力。当产生一些研究或设计成果时，学生会产生很大的成就感。因此本主题符合化学起始课的定位，在引导学生了解化学、喜爱化学、适应化学学习方面有教育价值。此外，我国在载人航天领域付出了巨大的努力，取得了丰硕的成果，以载人航天为背景展开学习，可以促使学生关注国家发展的重点领域，引导学生对科学产生积极的态度，激发学生的自豪感和使命感，进而促进学生"科学态度与社会责任"核心素养的提升。

从学科内容整合的角度看，"支持航天员呼吸"这一主题可以较好地和人教版教材九年级上册第一单元现有内容融合。研究吸入和呼出气体的差异，是设计航天员呼吸支持系统时很重要的问题。在这个情境下，很自然地激发学生的对比意识，以及主动进行变量控制的想法。在设计支持呼吸的方案时，学生可能会利用物理变化和化学变化概念，甚至创造性地利用生物知识来解决问题，发展科学探究与创新意识。同时，学生需要在这一主题中进行一系列实验，可以学习"药品的取用""物质的加热""装置的连接"等基本实验操作。

◉ 单元学习目标

1. 目标确定

本主题涉及课程标准中科学探究和物质的化学变化两个主题的内容。在科学探究方面，一是增进学生对探究的理解，增强学生的问题意识、实证意识和反思意识，使学生体会认真观察、严谨推理和大胆质疑对保证实验科学性的价值；二是引导学生体验科学探究过程，经历提问、猜想、设计和实施实验、收集证据、解释结论、评价反思等步骤，体会各探究要素的功能与联系，以及化学视角在其中所起的作用。在物质的化学变化方面，核心是帮助学生建立认识物质及变化的学科视角，促使学生关注物质的组成、性质与变化。

"支持航天员呼吸的气体环境探秘"这一主题的学习，需要首先聚焦吸入和呼出气体的成分，这是人教版教材九年级上册第一单元的探究活动之一，促进学生科学探究意识和能力的发展。之后还需要分析气体成分变化的原因，选择合适的化学变化来调控气体环境的成分。学生变化观念和创造力的培养是这个活动的重要功能。在探秘活动之后，学生还需要在实验室中模拟太空舱内的气体成分调控，一方面体验之前的方案，另一方面可学习基本实验操作。

在化学学习的起始阶段，学生的知识、经验储备都很有限，但好奇心强，思维活跃，想象力丰富。本主题一方面应保护和持续激发学生对化学的兴趣，另一方面引导学生关注物质性质与变化，发展学生的探究意识与能力。混合物、纯净物，物理性质、化学性质等核心概念，均在技术支持下以微视频的方式进行推送，学生在需要时可以学习这些核心概念，帮助自己解决实际问题。这种化学知识的学习方式可以避免冲击解决问题的主线，并让学生通过主动学习获取知识。

2. 学习目标

（1）通过拆解"如何维持航天员呼吸的气体环境"这一挑战性的真实问题，促进学生初步形成基于物质和物质变化的视角，将真实问题转化为化学问题进行研究，得出初步结论后再回到真实问题中进行分析和评价。在真实问题解决中体验乐趣和成就感，形成化学有趣、有用的初步印象。

（2）通过"吸入和呼出气体成分变化的探究"，学生经历并初步认识在科学探究中如何提出问题与猜想，设计实验和收集证据，分析现象和得出结论。能尝试识别不同实验设计中的变量，初步形成对比和变量控制的意识。

（3）通过"设计太空舱中气体成分的调控方案"，促使学生关注物质的变化，理解并利用物理变化和化学变化分析不同方案的差异。在资料的提示下，应用化学变化同时解决补充氧气和减少二氧化碳的问题。

（4）通过"实验室模拟太空舱中气体成分调控"，促使学生根据实验目的，顺利实施实验，初步学会取用药品，进行固、液加热，合理选择和连接实验装置。

◉ 单元学习活动

本主题属于实际问题解决类单元学习主题，以探究和创造支持航天员呼吸的气体环境为主线索，进行实验探究、物质及其变化以及基本实验操作等内容的学习。

要研究支持航天员呼吸的气体环境，首先需要了解有限空间内气体成分的变化情况和原因（聚焦人类的呼吸，暂时忽略设备装置等对气体环境的影响），接着需要根据气体成分的变化，反向调控，维持气体成分的稳定。同时，为了研究调控方案的可行性和有效性，还应在实验室中进行模拟实验。基于上述问题解决逻辑，设计形成"分析密闭空间内气体成分的变化""设计载人航天器内气体成分的调控方案""在实验室中模拟气体成分的调控"三个子任务，促使学生关注物质的组成、性质与变化，引导学生通过实验探究解决复杂问题，增强实验技能，激发学生的学习兴趣，发挥初中化学起始课应有的教学功能。

完成本主题需要 3 课时。每个课时完成 1 个子任务。本主题中包含两条主线，贯穿在各个子任务中。第一条线索是认识物质的角度与思路，包括关注物质的组成、性质和变化。载人航天问题中，由于航天器需要长期处于太空舱中，物质非常有限，因此研究物质及其变化就格外重要。课时 1 中分析密闭空间内气体成分的变化，主要侧重对物质组成的认识，以及利用物质性质设计实验；课时 2 中设计气体成分的调控方案，主要侧重对物质变化的理解和利用。第二条线索是科学探究的意识与实践，包括科学探究的一般过程，以及探究过程中的实证意识、变量控制意识和反思意识。载人航天要求高，对学生来说比较神秘，设计时需要大胆假设和小心求证，需要经常性地反思实验的严谨性和与真实问题的对应，在课时 1 吸入与呼出气体成分的探究实验中集中体现，在课时 3 模拟实验中也有部分体现。基本实验操作是一条局部线索。学生在模拟太空舱内物质转化的情境中，练习固、液药品取用，固、液加热，仪器装置连接等基本操作。详细的单元学习规划见表 4-1。

表 4-1　单元学习规划

课时	学习目标	学习内容	学习活动	学习资源
第 1 课时	关注物质，将密闭空间中气体成分变化这一真实问题转化为物质组成和变化问题。能基于物质性质设计实验来验证关于物质组成和变化的猜想。能通过变量控制和对比，增强实验的严谨性和说服力。	实验探究的基本步骤与设计思路。物质的组成、物理性质、化学性质。	分析密闭空间内气体成分的变化。	微视频：空气中气体成分及含量、氧气的助燃性、二氧化碳的性质。
第 2 课时	灵活利用物理或化学变化，用多种方式增加或减少指定的物质，并考虑可行性形成调控方案；大胆、有序地介绍方案，倾听和理解他人的方案，体会不同设计中的创造性。	物质的物理变化与化学变化。	设计调控气体成分的方案。	演示实验：蜡烛在氧气中的燃烧。微视频：物理变化与化学变化。
第 3 课时	在设计和实施模拟实验过程中，熟练进行药品取用，固、液加热，连接装置等基本实验操作，增强实验目的意识和操作技能。	实验基本操作。	在实验室中模拟气体成分的调控。	微视频：实验操作与实验安全。

◉ **持续性评价**

评价应首先关注评价目标，评价方案应紧密围绕深度学习目标而制定。本主题的评价方案，从物质组成、性质、变化，以及探究思路、实验操作等角度制定评价目标，并依托主题中的核心活动，确定具体的评价内容。例如，在吸入与呼出气体成分探究，以及氧气和有机物反应转化为二氧化碳和水的验证过程中，都需要基于物质性质进行检验。那么，关于物质性质的评价内容就基于上述活动，具体通过学生的小组讨论、汇报和师生对话来评价。评价方案展现了整个主题的评价角度、内容和方法，贯穿各个核心活动，体现了评价的持续性。

具体评价工具则侧重某一个核心活动的多角度、表现性评价。例如，在吸入与呼出气体成分探究实验中，既整合了科学探究的各要素，又关注了对学生实验探究态度以及实验习惯的评价。评分标准尽可能用学生的行为表现来描述，不同水平反映了学生的典型表现和关键进阶（见表4-2）。

表4-2 持续性评价

序号	评价目标	评价任务	评价标准	评价方式
1	形成物质观念，从物质组成视角认识吸入和呼出气体的差异。	1. 对支持航天员呼吸问题的拆解和转化。 2. 分析吸入和呼出的气体成分。 3. 分析会影响人呼吸的物质成分。	0分：基于经验，笼统地描述和分析问题，不关注其中的物质组成。 1分：基于经验，仅关注研究问题中较熟悉的物质（如呼出气体中的二氧化碳，影响呼吸的只有氧气等）。 2分：基于经验、信息和实证，科学、全面地认识研究问题中的物质组成（如呼出气体中各物质的含量）。	通过师生对话，以及学案中的研究问题、提到的物质，以及提到这些物质的理由来评价。
2	基于物质性质进行实验探究。	1. 基于经验预测和实验观察氧气、二氧化碳的典型性质。 2. 设计实验研究氧	0分：不能设计实验，或设计的实验存在错误。 1分：能基于氧气、二氧化碳性质设计实验，但方案中变量过多，或缺乏对比，说	通过学生小组讨论和汇报以及师生交流情况来评价。

序号	评价目标	评价任务	评价标准	评价方式
2		气能否转化为二氧化碳。 3. 设计实验，研究吸入和呼出气体成分的变化。	服力不足。 2分：能基于性质设计实验，通过控制变量和进行对比得出可靠结论。	
3	形成变化观念，理解和应用物质变化解决问题。	1. 课前调查支持航天员呼吸需要研究的问题。 2. 分析密闭空间中呼吸一段时间后气体成分的变化，寻找氧气和二氧化碳之间的关联。 3. 选取可以调控航天器内气体成分的方案。	0分：认为物质可以任意变化，缺少科学的变化观念；难以想到某些物质之间可以转化。 1分：难以主动想到和利用物质变化，但能识别和联想到一些典型的物理和化学变化（如携带氧气瓶，制取氧气）。 2分：能根据需要，主动想到物质变化；能主动寻找物质变化的信息（反应物和条件）来创造性地解决问题（如利用教师提供的信息设计同时减少二氧化碳和产生氧气的方法，通过变化循环利用物质等）。	在师生问答和实验设计中，通过关注学生使用的关键词以及设计的方案进行评价。
4	基本实验操作和习惯。	进行实验，填写实验记录并解释实验现象。	0分：在取用药品、加热药品和连接装置方面存在明显的错误。实验习惯不好，缺少计划和记录，实验后不整理桌面。 1分：能在提示和微视频指导下，正确取用、加热药品和连接装置，有实验记录，有简单的计划和分工，能简单分析现象，实验后能整理	在学生实验操作过程中观察记录。

续表

序号	评价目标	评价任务	评价标准	评价方式
4			桌面。 2分：能自主并正确地取用、加热药品和连接装置，有比较系统的计划，能分工协作，记录实验现象，与预期对比，并对之进行讨论和解释，实验后能整理桌面。	
5	科学态度与习惯。	课上： 1. 观察学生的专注程度和实验中的表现。 2. 学生课堂发言和收获小结中提到的对科学的态度。 3. 学生在实验过程中的态度、合作情况和行为表现。 课下： 学生在访谈中的表现和观点，以及在部分开放式作业中的表现。	0分：对主题漠不关心，不想参与讨论，对科学的态度没有变化，没有形成好的实验习惯。 1分：对主题有兴趣，愿意参与讨论，但主要听他人的发言，对科学有兴趣，但不认为自己能为科学做什么。 2分：对主题很有兴趣，参与讨论并有创造性的观点，对科学有较强的兴趣，愿意持续关注科学，认为自己也能理解一些科学问题，对学习科学有信心。	在学生实验过程中以及汇报展示中评价。

◉ **重要的评价工具**

1. 吸入和呼出气体成分差异的探究实验自评/互评表

见表 4-3。

表 4-3　吸入和呼出气体成分差异的探究实验自评/互评表

内容	评分标准和表现描述	得分
假设全面性	2分：能全面分析吸入和呼出气体的各成分变化	
	1分：仅关注到吸入和呼出气体的某种成分变化，如氧气含量	
	0分：对吸入或呼出气体成分没有预设，或者预设中存在错误，如认为呼出气体中都是二氧化碳	
实验目的性	2分：能说出具体实验目标，实验设计与目标匹配	
	1分：能说出大致的实验目标，但设计与目标不完全匹配，如用纯氧与呼出气体对比	
	0分：不明确实验目的，实验设计随意，无法对应目的	
原理可行性	2分：基于物质性质设计实验，现象明显，且无干扰	
	1分：基于物质性质设计实验，现象明显，可能存在干扰，如用燃着的木条检验呼出气体中的二氧化碳	
	0分：设计无依据，或现象难以观测	
设计严谨性	2分：有对比实验，控制住无关变量	
	1分：有对比实验，但操作中存在可能影响结果的其他变量，如加入澄清石灰水的量、气液接触面积等	
	0分：无对比实验	
实验习惯	2分：有较系统的计划和明确的分工，有实验记录，认真观察记录现象，并基于记录进行讨论，与预期相比较，药品、仪器使用后按要求复原	
	1分：有粗略的计划和分工，仅记录实验现象，较少讨论实验现象，药品、仪器使用后按要求复原	
	0分：无实验记录，不注意观察现象，药品、仪器使用后未复原	

续表

内容	评分标准和表现描述	得分
实验态度	2分：完整参与，积极思考，贡献独特观点或问题	
	1分：完整参与实验探究过程，参与观点讨论	
	0分：较少参与，仅听从他人指挥或游离在外	

2. 太空舱中气体成分调控的设计方案自评/互评表

见表4-4。

表4-4　太空舱中气体成分调控的设计方案自评/互评表

内容	评分标准和表现描述	得分
变化观念	2分：想到能通过化学变化调节环境中的气体成分	
	1分：只想到利用物理变化实现气体成分调控，如携带氧气瓶等，未想到使物质本身发生改变	
	0分：面对任务没有想法，不能利用物理或化学变化实现气体成分的调控	
变化应用	2分：创造性地选择能将二氧化碳转换为氧气的反应，或者多个反应间能构成物质循环	
	1分：分别选取提供氧气和减少二氧化碳的化学反应	
	0分：选取的化学变化不能达到目的，不能提供氧气或减少二氧化碳	
真实复杂因素	2分：除原理可行外，还考虑了反应速度、产物毒性、可持续的时间等其他复杂因素，或者其他要调控的因素，如温度、压强等	
	1分：考虑了氧气和二氧化碳含量的调控，原理上可行，但未考虑其他因素	
	0分：仅考虑了氧气或二氧化碳含量的调控，主要物质有遗漏	

内容	评分标准和表现描述	得分
对化学的态度	2分：感慨化学的作用与价值，对化学学习非常期待	
	1分：认同化学的作用与价值，增加了学习化学的信心	
	0分：无明确态度，或出现畏难等消极情绪	

◉ **教师反思**

本单元作为化学学科的起始单元，有较多零散的知识要点和基本实验操作技能，以往的教学中教师常常抽象讲解具体的化学知识和重复练习实验操作，更多关注学生对具体知识的掌握程度。本次深度学习的设计实现了化学教学取向的转化，转变为核心知识结构化的教学、化学学科思想方法的教学、解决综合复杂问题的教学、促进学生化学学科核心素养发展的教学、彰显知识功能价值的教学。

1. 在单元学习主题教学引入阶段，设定"如果你是科学家，为了让航天员在航天器内能够像在地球上一样正常呼吸，你要研究哪些问题？"，让学生通过头脑风暴的形式先设计问题解决的旅程，并给予充足的时间讨论问题的拆解及其解决方法，让学生解决问题的自主性得以充分体现。学生汇报的想法比较具体和发散，但大多能够聚焦在"氧气和二氧化碳含量的改变"上。然后教师引导学生进行总结提炼，逐渐形成解决问题的基本思路，并进入研究物质组成、性质和变化的视角。针对该学习过程进行了课后的访谈："这个问题对你后面的学习有影响吗？具体表现在哪些方面？"以下是部分学生的回答。

学生1：刚开始看到问题时，觉得非常"高大上"，根本不是我能理解和解决的。通过大家的交流和讨论，我意识到这些复杂的问题是可以和具体知识建立关联的，以后再遇到复杂的问题我就不害怕了。

学生2：通过这个问题，我知道整个的研究过程应该是和"氧气""二氧化碳"有关的，后面讨论所有问题时我都主动去找"氧气"和"二氧化碳"。

学生3：通过这个问题，我认识到化学学习中最关注的是"物质"。以后再遇到化学问题时，我要先看看有哪些物质，这些物质能发生什么反应，能不能变成别的物质。

学生4：我很喜欢这个问题。我的爸爸就是航天二院①的，常常和我讨论相关的问题。我还知道航天器内还要调节水和氮气的含量，还得保持一定的压强，这都和航天员的呼吸相关。讨论这个问题让我很有成就感，以后我要更加关注这些问题。

学生5：这个问题让我觉得学习不那么枯燥了，我很好奇，想知道到底如何解决航天员的呼吸问题，后面的学习我也一直很积极。

由此可以看出，围绕着"让航天员在航天器内能够像在地球上一样正常呼吸"这个挑战性任务，学生不仅掌握了化学核心知识，理解了学习的本质，而且还体验了克服恐惧的过程，积极参与并获得了发展，体验了成功。

2. 深度学习以学生为中心，开放性比较大，课上教学时间常常变化，会出现没有按照预期完成任务的情况。例如，讨论"让航天员在航天器内能够像在地球上一样正常呼吸"这个问题时学生非常投入，展开了激烈的讨论，严重超过了预设的学习时间。这种情况下，教师果断地增加了这个环节的学习时间，让学生对这个问题进行充分的探讨，并保留对学生的能力提升有较大促进作用的总结环节；然后将一些功能价值不大的环节调整到课下，用微课的方式进行自学，如"空气中气体成分及含量""氧气的助燃性""二氧化碳的性质"等。

---

① "航天二院"是"中国航天科工集团第二研究院"的简称。

　　这样的调整可以做到有的放矢，保证核心活动的功能价值，让学生真正进入研究物质组成、性质和变化的视角，为后面的学习打下坚实的基础。例如，在完成第 2 课时的学习任务"选取可以调控航天器内气体成分的方案"时，学生不仅能够关注产生氧气或消耗二氧化碳的反应，还能同时选择产生氧气的反应和消耗二氧化碳的反应，甚至有意识地利用反应将二氧化碳转化为氧气，或者同时选取多个反应使关键物质能够再生利用。

◉ **附件**

深度学习（课时） 教学流程

第 1 课时		
学习目标	1. 感受化学在载人航天等高精尖领域的重要贡献，在"支持航天员呼吸的气体环境探秘"这一真实问题中，通过自行拆解研究问题，设计实验进行探究，从化学角度有目的地开展探究，享受完成挑战性任务后的成就感。 2. 通过"分析造成密闭空间中气体成分改变的因素"，关注物质的组成和性质，基于化学视角开展科学探究和反思。 3. 通过"设计实验，验证吸入和呼出气体成分的变化"，关注实验的目的性，设计的可行性、严谨性，以及操作的规范性。 4. 通过实验设计和验证，培养证据意识和良好的实验习惯。		

教学环节	学习活动	评价要点
环节 1 从科学挑战到实验问题 ——从化学角度分析真实问题	问题 1：如果你是科学家，为了让航天员在航天器内能够像在地球上一样正常呼吸，你要研究哪些问题？ 学生的各种观点： 需要充足的氧气 并且进行循环 如何保持氧气的含量 1. 氧气携带 2. 人体反应（二氧化碳排出） 3. 环境条件	1. 通过师生对话、关注学生的学案书写、回答问题时的表达，评价问题拆解中，学生是否聚焦物质，是否关注吸入和呼出气体的成分。

续表

教学环节	学习活动	评价要点
环节 1 从科学挑战到实验问题——从化学角度分析真实问题	 整理其关系，归纳为两个主要研究问题： 1. 分析载人航天器内气体成分的变化； 2. 设法调控航天器中的气体成分，维持稳定。	2. 通过课堂观察，评价学生是否认同化学学科的作用与价值。
环节 2 分析造成密闭空间中气体成分改变的因素	问题 2：一段时间后，密闭空间中的气体成分会发生怎样的改变？ 学生分析后找到主要影响因素，聚焦呼吸，将问题进行转化和简化。 问题 3：吸入和呼出气体的成分有什么不同？ 【微视频】空气中气体成分及含量 学生的各种观点： 通过点评，促使学生全面分析吸入、呼出气体可能含有的多种物质，而不是单纯关注某种物质。	1. 通过师生对话和关注学生回答问题时的表达，评价学生是否关注到呼吸对气体成分的影响。 2. 通过关注学生的学案书写、回答问题时的表达、师生对话，评价学生是否全面关注吸入和呼出气体中的多种物质。
环节 3 设计实验，验证吸入和呼出气体成分的变化	问题 4：如何通过实验，研究吸入和呼出气体成分的变化？ 学生分组设计实验方案，分别研究氧气、二氧化碳、水蒸气的变化。 【微视频】氧气的助燃性，二氧化碳的性质	1. 通过关注学生小组讨论和汇报以及师生交流情况来评价学生能否依据物质性质设计实验证

教学环节	学习活动	评价要点
环节 3 设计实验，验证吸入和呼出气体成分的变化	（不支持燃烧，澄清石灰水变浑浊）各组交流实验结果，教师点评，关注点如下： ①是否明确实验目的，实验方案的设计与目的匹配； ②设计是否可行，有无明显现象证据； ③是否有对比意识，操作中是否控制变量； ④有无观察记录，实验习惯如何。 分组汇报后的整体小结： ①实验探究的基本步骤； ②化学角度在探究各步骤中的作用； ③实验探究的目的性、严谨性、科学性。	明吸入和呼出气体的成分差异。 2. 通过关注学生在实验设计和交流中的表述，评价学生是否明确实验目的、实验设计与原始问题是否一致。 3. 通过关注学生在实验设计和交流中的表述，评价学生能否基于性质特点，设计可观测到现象的实验。 4. 通过关注学生在实验设计和交流中的表述，评价学生是否能结合实验现象，解释、得出结论。 5. 通过关注学生在实验过程中的表现，评价学生是否认真观察、记录和使用仪器、药品。 6. 通过关注学生在实验过程中的表现及表达，评价学生对实验探究活动是否感兴趣。

板　书　设　计

支持航天员呼吸的气体环境探秘

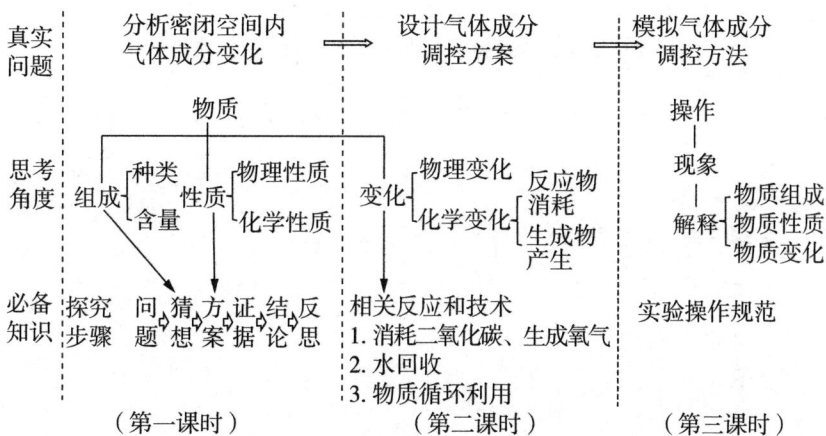

（第一课时）　　　　（第二课时）　　　　（第三课时）

作　业　设　计

课时	作业	内容
第1课时	1. 完成单元学习任务单。 2. 完成课时作业。	1. 结合物质性质判断下列说法是否正确，并简述理由。 （1）呼出气体能使燃烧木条熄灭，证明呼出气体中二氧化碳含量高于空气。 （2）可选用带火星的木条证明空气中氧气含量高于呼出气体中氧气含量。 2. 试分析，白天房间内的植物在进行光合作用时，房间内空气成分含量的变化，并说明理由。 3. 已知二氧化碳能溶于水。试讨论，用排水法收集呼出气体对于比较空气和呼出气体中二氧化碳含量的结果是否有影响？

案 例 二

基于证据探索物质构成的奥秘
——跟随水分子的足迹

授课年级：九年级

单元总课时：5 课时

设计者：宋晓萌①

执教者：宋晓萌

⊙ 单元学习主题

1. 主题名称

基于证据探索物质构成的奥秘——跟随水分子的足迹。

2. 主题的解读

本课例教学内容为《义务教育化学课程标准（2011 年版）》中"物质构成的奥秘"主题的主要内容，是五个一级主题中的一个，其中二级主题包括"化学物质的多样性""微粒构成物质""认识化学元素""物质组成的表示"。

从化学学科的角度来看，化学的核心研究对象是物质及其变化，对微粒的认识可以提高认识物质及其变化的水平。"微粒观"和"元素观"是化学学科的核心观念，从微观角度联系地看待物质及其变化是学生应具备的学科能力。

人教版教材不断渗透有关"物质构成的奥秘"主题的教学内容：

---

① 工作单位为北京市八一学校。

序言部分即提出化学是从分子、原子角度研究物质性质、组成、结构和变化规律的科学；第二单元引导学生学习混合物和纯净物的概念；第三单元引导学生学习元素、分子和原子概念，认识原子结构；第四单元借助研究"水的组成"引导学生认识单质、化合物、氧化物的概念，学习化学式和化合价概念。

水是自然界最为普遍的物质之一，与人类的生产、生活息息相关，是初中化学教学的常见物质，同时水是非常典型的由分子构成的物质，分子结构简单。因此，在本单元的教学中将水作为素材中的核心物质开展教学。早期哲学家对微观世界的猜想基于宏观世界的现象，分子、原子等抽象概念的建立基于实验，学生的学习过程是站在前人的肩膀上寻找证据。经过多角度综合考虑，单元教学整合了第三单元和第四单元课题3和课题4中关于化学式含义的教学内容，确定深度学习的主题是"基于证据探索物质世界构成的奥秘——跟随水分子的足迹"。

该课例不断基于宏观、微观的联系开展教学：一方面，基于宏观事实建立微观认识，用微观认识解释宏观事实。学生通过实验寻找证据，从实验中获得现象推论物质的微观构成；通过学习化学史，了解科学家推测原子模型的研究过程及结果，这些过程有利于培养学生"证据推理和模型认知"这一化学学科核心素养。另一方面，教学过程中探讨的问题，需要学生不断在宏观概念与微观概念之间转换，有利于培养学生"宏观辨识与微观探析"化学学科核心素养。

◉ 单元学习目标

1. 目标确定

教材中"物质构成的奥秘"主题内容是初中化学教学的重点，元素、分子和原子等核心概念集中出现在第三和第四单元，由于其特有的陌生感和抽象性，始终是该主题下教学重点中的难点。形成"宏观辨识与微观探析"这一化学学科核心素养是本单元教学最重要的教学价值和功能：了解人类探索物质微观结构的重要成果，从宏观与微观结合的视角解释物质的性质和变化；从微观视角认识物质的多样性，依据该视角对物质进行分类；在宏观世界和微观世界之间转换，面对宏观现象，能从微观角度对其本质进行解释，面对微观假设，能够从宏观现象中寻找证据。

在物理"内能"章节的教学中，学生已经知道物质是由分子等微粒构成的，对分子、原子等名词不陌生，但是对概念本身的内涵还比较模糊，只是笼统地感觉这些都是"微粒"。学生经历过从宏观现象推理分子特征的过程，知道分子具有"小""不断运动""有间隔"等基本特征，但大部分学生只能机械地复述物理课所学内容，对于陌生情境，主动从微观视角分析问题的意识很薄弱。

学生对物质及其变化的认识将从认识角度丰富和认识方式类型转变两个方面得以发展。认识角度的丰富表现为增加了组成、构成、分类、转化等认识物质的基本角度，一方面基于宏观事实建立微观认识，用微观认识解释宏观事实；另一方面建立宏观概念与微观概念之间的联系。

在以往的教学中，由于受素材的限制和教学方式的单一性，学生在学习三、四单元时，课堂气氛沉闷乏味，很难产生学习兴趣。学生学习课本不同章节时，孤立、被动地接受各种概念，由于缺乏对概念间关系的认识，不能真正理解概念，常出现概念混用、错用和机械记忆套用的问题，主动使用微观视角分析问题的意识也很薄弱。学生对于物质在不同中蕴含相同以及基本的守恒观念具备朴素的哲学认识，但还停留在一种模糊的感觉阶段。用元素、原子这些内涵还不确切的新概念来阐释，学生会觉得非常绕口难懂，如果要学生准确应用概念来解释说明问题就更加困难了。

综上所述，从宏观到微观，基于分子、原子认识物质和变化是学生在物质组构成部分学习的认识发展障碍点，具体有以下几点：

（1）用分子、原子的概念解释物质及其变化，建立宏观现象与微观本质间的联系。（宏观辨识与微观探析）

（2）从微观角度对物质及其变化进行符号表征；从微观角度认识

物质的多样性，并依据该角度对物质进行分类；理解分子、原子与物质性质的关系。（宏观辨识与微观探析）

（3）用分子、原子视角解释化学变化中的变与不变，对化学变化进行定性、定量的分析。（变化观念）

（4）初步认识原子模型，了解现象的本质，预测物质及其变化的可能结果。（模型认知）

2. 学习目标

（1）通过设计家庭实验寻找物质是由微粒构成的证据的过程，逐步认识物质是由微粒构成的；通过符号（化学式）、文献和一系列实验，认识原子结构，认识微粒与物质组成、性质和变化的关系。（证据推理、宏观辨识与微观探析）

（2）通过探讨水的微观构成及水分子与氢、氧原子的关系等活动，建立物质、微粒和元素之间的关系；通过绘制不同类别物质分子的微观示意图，能从微观角度对物质进行分类；通过实验研究过氧化氢和水等元素组成相同但化学性质不同的物质，解释物质的化学性质与微观粒子的关系。（宏观辨识与微观探析）

（3）通过分析过氧化氢分解为水和氧气的微观过程认识化学反应的实质是原子重组的过程，原子种类和个数、元素种类在化学反应前后不变，而化学反应前后分子与物质种类发生改变；通过水的电解实验及文字素材，从微观角度定量认识微粒构成，认识化学变化。（变化观念、宏观辨识与微观探析）

（4）通过调查文献认识原子发现过程及动手制作原子结构模型，初步认识原子的结构，了解原子核、质子、中子和核外电子的关系，为进一步认识了解化学现象的本质"最外层电子数与元素化学性质的密切关系"做准备。（模型认知、宏观辨识与微观探析）

（5）通过了解人类探索物质微观结构的重要成果，赞赏化学对社会发展的重大贡献。基于证据认识客观世界，崇尚真理，形成真理面

前人人平等的意识；主动运用所学化学知识，积极参与有关化学问题的社会决策。（科学态度与社会责任）

⊙ 单元学习活动

"基于证据探索物质构成的奥秘——跟随水分子的足迹"单元学习基于深度学习教育理念，将原有分散在教材各处的相关内容进行整合，创设挑战性任务，广泛联系生活实际，设计一系列生动有趣的实践活动，调动学生学习的积极性，有利于深入理解主题核心知识，培养宏微结合分析解决问题的关键能力。

完成本单元需要 5 课时。第 1 课时，利用生活中的物品设计实验，寻找微粒性质的证据，证明物质是由微粒构成的；第 2 课时，依据已有的科学研究结果，寻找宏观物质与微粒的构成关系；第 3 课时，通过实验和分析，从微观角度认识物质的组成、分类及其变化；第 4 课时，依据科学发展史寻找证据，探秘原子结构，并利用生活中的物品制作氢、氧原子模型；第 5 课时，从原子、分子的视角定量认识物质的组成。详细的单元学习规划见表 4-5。

表 4-5　单元学习规划

课时	学习目标	学习内容	学习活动	学习资源
第 1 课时	认识物质是由微粒构成的。	物质由微粒构成。	设计家庭实验，寻找物质是由微粒构成的证据。	小组展示用生活物品做实验的视频或课件。
第 2 课时	建立分子、原子（离子）、元素及物质之间的关系。	分子、原子（离子）、元素及物质之间的关系。	观看、分析视频及文献；绘制、分析水分子的微粒示意图；借助化学式、常用试剂及食品标签等，推测微粒、元素及物质之间的关系。	学生录制凯库勒发现苯分子结构的视频；常用试剂、食品标签等图片。

续表

课时	学习目标	学习内容	学习活动	学习资源
第3课时	从分子、原子视角区分物质类别，认识分子与物质化学性质的关系，分子、原子在化学变化过程中的变与不变。	用分子、原子区分纯净物与混合物、单质与化合物；分子保持物质化学性质；化学变化中分子改变，原子重组。	参考水分子和氧气分子的微粒示意图，绘制过氧化氢溶液微粒示意图，填写微粒与物质类别关系表；通过催化剂可使过氧化氢溶液迅速放出氧气但不能使水放出氧气实验，分析分子、原子与物质化学性质的关系；结合水分解微观过程，推测过氧化氢分解过程中的微粒变化。	水、氧气等微粒图；混合物、纯净物、单质、化合物与微粒关系表；10%浓度过氧化氢溶液、水、氯化铁（催化剂）和线香；水分解过程微粒变化图等。
第4课时	认识原子结构。	原子的结构。	搜集文献，调查各国科学家发现原子结构的过程；动手制作原子结构模型。	科学家研究原子结构文献；橡皮泥等。
第5课时	定量认识微粒之间的关系，从微观角度定量认识化学变化。	微粒之间量的关系；化学变化的定量角度。	结合科学家研究水的组成等化学史素材，完成水的电解实验，分析水的组成；通过给定水分子、氢、氧原子质量，推测水的组成及水分子中氢、氧原子个数。	普利斯特里、拉瓦锡研究水的组成等化学史文献；水通电实验相关仪器。

◉ **持续性评价**

见表4-6。

表4-6 持续性评价

序号	评价目标	评价任务	评价标准	评价方式
1	基于证据认识客观世界，崇尚真理，形成真理面前人人平等的意识。	1. 课前，能否利用生活物品设计实验来有力证明物质是由微粒构成的。2. 课上，表达时是否有意识使用证据，观点与例证之间的逻辑关系是否紧密。3. 课后，师生访谈过程中，是否表达出对证据的重视。	0分：主观臆断，没有证据意识。1分：有证据意识，但证据不足或目标不清。2分：主动获取证据，目标明确，证据充足。	校外实践活动记录单、课堂观察、师生访谈。
2	认识物质是由微粒构成的，建立物质、微粒和元素之间的关系。	1. 课前，能否设计实验来证明物质是由微粒构成的，以及设计思路是否正确。2. 课前，绘制水的微粒图时对构成水的微粒及微粒之间的关系认识是否清楚。3. 课上及课后，学生在课堂中的表现、填写学案和单元任务单时，能否对物质、微粒和元素之间的关系予以准确表达。	0分：对于物质是由微粒构成的不理解、不认可。1分：能理解所处的物质世界是由微粒构成的，知道构成物质的微粒的种类，理解分子与原子的关系。2分：理解微粒、元素、物质三者中两两之间的关系，建立正确的物质、微粒和元素之间的关系。	前测、学案、课堂观察、单元任务单。

续表

序号	评价目标	评价任务	评价标准	评价方式
3	能从微观角度对物质进行分类；能从宏观与微观结合的视角解释物质的性质。	1. 课上及课后，学生在课堂中的表现、填写学案（实验报告）和单元学习任务单时，能否从微观角度解释物质类别和物质性质。 2. 课后，能否对作业中的相关习题正确作答。	0分：不能从微粒视角对物质类别或物质性质进行正确解释。 1分：能够从微粒视角对物质类别和物质性质进行正确解释。 2分：能够从宏微结合的视角解释物质分类、物质的性质。	学案（实验报告）、课堂观察、单元任务单、作业。
4	认识化学反应的实质是原子重组的过程；从微观角度定量认识微粒构成，认识化学变化，建立对立统一、量变质变、联系发展的观点。	1. 课上，学生在课堂中的表现、填写学案和单元任务单时，是否体现出从微观角度对化学变化进行阐释和分析。 2. 课后，能否对作业中的相关习题正确作答。 3. 课后，进行师生访谈时，是否体现对立统一、量变质变、联系发展的观点。	0分：不能从微粒视角认识化学反应。 1分：能够从微粒视角认识化学反应，关注化学变化中微粒之间量的关系。 2分：能够运用化学反应中微粒之间量的关系，解释问题，形成对立统一、量变质变、联系发展的观点。	学案、课堂观察、单元任务单、作业、师生访谈。
5	初步认识原子结构，了解原子核、质子、中子和核外电子的关系。	1. 课前，学生调查原子结构发现的过程并制作海报，在课堂表达时，对原子结构的认识是否准确。 2. 课前，学生用生活物品制作原子结构模型是否科学；课后，再次制作原子模型是否科学、严谨。	0分：对原子结构的认识存在错误。 1分：正确认识原子内部微粒之间的从属关系。 2分：对原子结构有精准认识（微粒的半径、距离等）。	校外实践活动、课堂观察、作业。

◉ **重要的评价工具**

1. 单元学习任务单

见表4-7。

表4-7　单元学习任务单

请你与小组同学合作，随课时进度，不断梳理、总结你对于水通电生成氢气和氧气这个化学反应的认识，尽可能写出你所有的认识。也可以通过录制微视频的方式呈现小组学习成果，在第5课时进行集中汇报交流。

课时	具体内容
第1课时	
第2课时	
第3课时	
第4课时	
第5课时	

第1课时：从微粒的角度认识物质（说出水、氢气和氧气由微粒构成）。

第2课时：从微粒的角度认识物质（说出水、氢气和氧气的组构成）。

第3课时：从微粒的角度认识物质及其变化（说出微粒与物质性质、类别的关系，水分解反应中微粒的变化情况）。

第4课时：从微粒的角度认识物质及其变化（说出原子最外层电子数与分子构成的关系，氢、氧原子最外层电子在化学变化中可能发生的变化）。

第5课时：从定量的角度认识物质及其化学变化（说出微粒之间的数量关系、水分解反应中微粒的变化情况）。

2. 校外实践活动记录单

见表4-8。

表4-8　校外实践活动记录单

组长_____　小组成员_____

【主题活动】我们已经知道，物质是由分子等微观粒子构成的，而且在物理课上，大家经历了从扩散等实验现象推理分子特征的过程，知道了构成物质的这些微粒具有体积、质量都很小、不断运动、微粒之间有间隔等特征。现在请你开动脑筋，为微粒的这些性质寻找新的证据（不重复物理课上做过的）。

要证明的微粒性质	你的证据	对小组活动过程的反思与评价（经验、教训、困惑等）

◉ **教师反思**

深度学习主题的确立要基于学科本质，结合课程标准、教材特点及学生的学习需要；学习目标的制定需要结合课程标准和教材，做好充分的学情调研；教学设计要关注学生的认识发展和核心素养培养，评价与活动紧密结合，不断在课堂活动中评价学生的认识水平，有效将学生思维外显，活动即为评价，环环相扣，促进学生的认识发展。

（1）前测：有效探查学生对于物质及其变化的已有认识，并且作为本节课的物质线索不断推动教学进程，在活动中及时评价学生是否掌握了核心知识。

例1：绘制水的微粒（微观）示意图，通过前测探查已有认识。

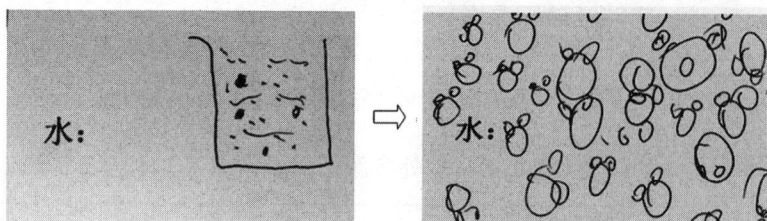

图 4-1　学习第 2 课时前后，学生对水的微粒构成的认识发展对比

（2）学生自主录制相关视频。

例 2：学生沿着科学家的足迹，寻找科学家研究物质构成的证据，排演凯库勒研究苯分子的过程及中国科学家用隧道显微镜的探针移动硅原子形成"中国"两个字的事例。

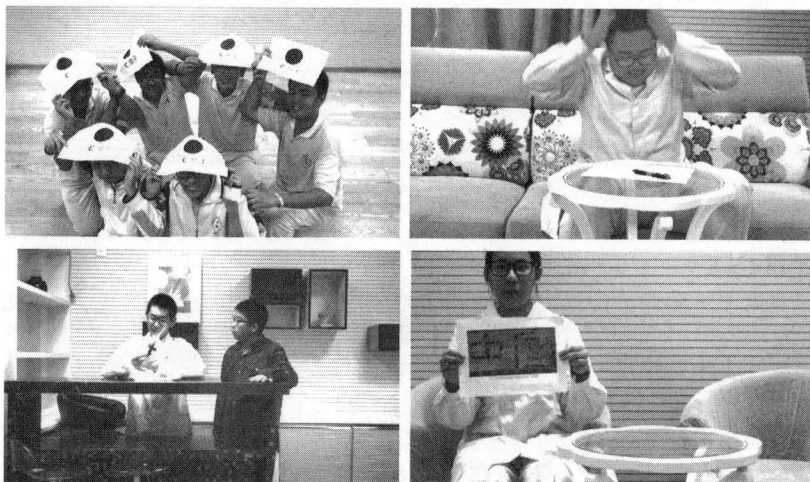

图 4-2　学习第 1 课时后，学生自主拍摄的视频截图

（3）课堂活动评价：活动与评价同步进行。及时评价小组展示汇报、任务型阅读、实验探究等活动效果，将学生在活动中的表现作为评价依据。

例 3：绘制物质、微粒、元素关系图。

图 4-3　学习第 2 课时后，学生绘制的关系图

（4）设置单元学习任务单，进行持续性评价，探查学生是否达到学习目标。

例 4："对于水通电生成氢气和氧气这个化学反应，你有哪些认识？尽可能写出你所有的认识。"探查学生学习后认识的发展，及时改进教学。

图 4-4　学习第 3 课时后，学生对水通电生成氢气、氧气的认识

（5）作业及作品评价。

例 5：利用生活中的物品制作原子模型。

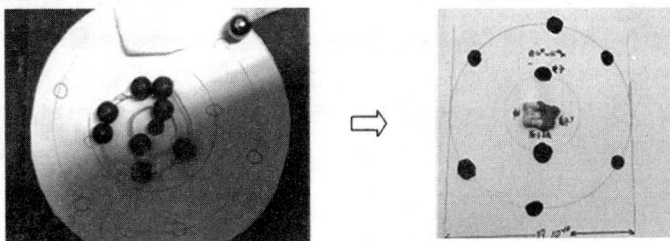

图 4-5　学习第 4 课时前后，学生制作的原子模型对比

⊙ **附件**

深度学习（课时） 教学流程

第 2 课时		
学习目标	1. 认识构成物质的微粒种类，认识典型物质的微粒构成。 2. 建立分子、原子、元素和物质的关系。	
教学环节	**学习活动**	**评价要点**
环节 1 引入	问题 1：请观察大家课前绘制的水的微粒图，你有什么看法？ 教师展示学生课前绘制的水分子微观示意图，学生表达不同观点，教师简单评价学生已有认识，引发学生思考。	1. 通过观察学生课堂表现，探查学生对构成物质的微粒的认识情况。 2. 促进学生思考构成物质的微粒及微粒本身的微观结构。
环节 2 认识构成物质的微粒种类；初步认识分子和原子的关系	问题 2：你能说出构成物质的微粒有哪些吗？它们之间的关系是什么？ 学生观看自己录制的凯库勒研究苯分子结构的视频，阅读隧道显微镜拍摄苯分子、硅原子的图片和氯化钠微粒构成等资料。分析、思考后回答：物质由分子、原子（离子）构成；分子由原子构成。	1. 观察学生观看视频后的表现，回答时是否认识到物质由分子、原子等微粒构成。 2. 观察学生是否注意到分子与原子的关系。
环节 3 分析分子和原子的关系，判断典型物质的微粒构成	问题 3：你能说出微粒图代表何种微粒吗？你为什么这么想？ 教师展示水分子、氢分子、氧分子微粒图，但不指出微粒名称。 教师给出 "O_2、Si、C_6H_6、（$NaCl$）" 等化学式，追问：这些物质是由何种微粒构成的，你的证据是什么？ 学生回答：分别为氧分子、硅原子、苯分子、（钠离子、氯离子）构成，证据是化学式及文字素材。 教师带领学生反思课前绘制的水的微粒图，绘制分子、原子及物质的关系图。	1. 关注学生在分析、表达过程中是否建立了分子、原子与物质的关系，是否借助化学式关注到了微粒之间量的关系。 2. 关注学生反思绘制水的微粒图时，是否关注到分子和原子的构成关系，是否关注到个数关系。 3. 观察学生绘制微粒、物质关系图是否科学、严谨，语言表达是否科学。

续表

教学环节	学习活动	评价要点
环节 4 思考原子与元素的关系，基于微粒认识建立元素概念	问题4：CO_2、O_2、H_2O 和 NaCl、Na 这两组物质分别有什么共同点？ 学生1：第一组中都含有氧原子，第二组中都含有钠原子。 学生2：氯化钠中的"钠"是离子，并不是原子。 教师展示试剂瓶的标签"钠"和食盐标签中的"钠"，以及地壳中"氧"含量和氧气瓶上标着"氧"，追问学生"钠"和"氧"是指什么概念。 学生回答：是指元素概念。 教师继续追问：元素与微粒是什么关系？ 学生：元素是一种宏观概念，与原子或离子有一定关系。	关注学生的课堂表现，看其是否理解元素与原子的关系，是否能基于微粒认识逐步形成比较科学的元素概念。
环节 5 终极展示	问题5：你能找出微粒、元素、物质之间的关系吗？ 教师简单解释离子与原子的关系，学生进行头脑风暴，找出分子、原子（离子）、元素和物质之间的关系。	观察学生绘制微粒、物质及元素关系图是否科学、严谨，语言表达是否科学。

板 书 设 计

基于证据探索物质构成的奥秘——跟随水分子的足迹

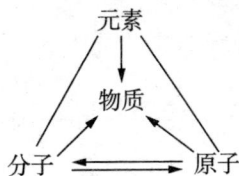

作 业 设 计

课时	作业	内容
第2课时	1. 完成单元学习任务单。 2. 完成课时作业。	1. 从微粒的角度认识物质（说出水、氢气和氧气的组构成）。 2. 与本小组同学分享、交流，完善微粒、元素及物质关系图。

案例三

运动型饮料的包装设计

授课年级：九年级
单元总课时：3 课时
设计者：李　娜[①]　吴　波[②]
执教者：李　娜　吴　波

◉ 单元学习主题

1. 主题名称
运动型饮料的包装设计。

2. 主题的解读
从课程标准分析，《义务教育化学课程标准（2011 年版）》对金属和金属材料的要求主要体现在掌握常见金属的物理性质和化学性质，能够初步掌握其中的规律并进行应用；能够运用化学方程式表达金属与常见化学物质间的关系；理解金属、合金、金属活动性顺序、置换反应等概念；能够借助生活经验，结合实验探究的方式，深入挖掘金属和金属材料的学科知识，并解决生活实际问题。

从教材分析，本主题内容位于人教版化学教材九年级下册第八单元"金属和金属材料"，主要包括金属材料、金属的化学性质及金属资源的利用和保护 3 课时内容。金属是学生首次接触的从类别的角度认识物质的教学内容。通过学习典型金属的物理性质和化学性质，理解

———————
①②　工作单位为北京市中关村中学。

并运用金属活动性顺序，进而掌握并推测不同金属的相似性和差异性，利用金属的性质解决生活问题。

从学科核心素养分析，学生除了在原有基础上从性质、用途、来源等方面认识单一物质外，开始学习一类物质。而学习典型金属则是作为由单一物质到一类物质学习的过渡阶段，使学生在形成微粒观、元素观、实验观的基础上，开始实质性地认识分类观在化学科学中的应用。

从学生认知水平分析，金属是初中学生日常生活中接触较多的一种材料，学生了解金属材料的性能、成本和使用方法，但是缺乏系统学习金属来源和性质的知识体系。学生能够全面认识单一物质的性质、用途、来源及相互关系，但是缺乏系统认识一类物质的角度和研究方法。

基于以上分析，本单元将金属的物理性质和化学性质、用途等内容进行整合，以设计运动型饮料的金属包装为主题，通过"寻找合适的金属材料""探寻饮料罐包装的秘密""设计个性化饮料罐包装"三个驱动性任务，将学习内容逐步细化为认识和寻找材料、了解包装作用以及设计个性化饮料包装等阶段任务。在不同的阶段任务中，通过小组讨论、交流、评价等过程，凸显从类别的角度认识金属的通性和差异性的意识，并使学生意识到生活中寻常物品中蕴含的严谨的化学知识，了解饮料成分物质的营养作用。在设计个性化饮料包装过程中，使学生从科学素养、文化素养和艺术素养的角度了解诚信、道德等品质的重要性。

◉ **单元学习目标**

1. 目标确定

初中学生对金属的认识主要停留在生活中金属材料的性能、成本和使用上，没有系统地从化学角度认识金属的来源和性质。但随着初三学习进程的深入，学生对金属的认识不断发展。那么，在即将进入第八单元学习时，学生对金属的认识发展到了什么水平呢？这需要通过调查才能确定。研究团队以实验校初三学生为研究对象进行问卷调查（见表 4-9）和访谈（见表 4-10），测查学生对金属和金属材料认识的差异。

表 4-9　金属和金属材料调查问卷

序号	调查问卷内容
1	饮料的外包装材料有哪些？
2	金属饮料罐的成分有哪些？哪种金属材料更适合做饮料包装？
3	饮品外包装材料的种类及其作用有哪些？
4	你认为金属具有哪些性质？它们之间具有哪些相似性和差异性？

根据学生课前调查结果分析（调查人数为 80 人）：90% 的学生认同 Fe、Al 作为易拉罐的金属材料，个别学生认为金属 Cu 更合适；83% 的学生认为饮品外包装材料可以有塑料、纸和涂漆；95% 的学生能写出包装上 4 种以上的商品标识内容，但对其作用表述模糊；70% 的学生了解金属的部分物理性质（导电性、导热性、延展性等），仅知道金属可以和氧气反应，但对金属的其他性质不甚了解，对金属类物质间的相似性和差异性了解很少。

表 4-10　学生访谈（课前）问题及主要观点

访谈问题	主要观点及学生知识和思维漏洞
问题 1： 生活中有哪些常见的金属材料？	按出现频率排列：铁、铜、铝、金、银、汞、锰、镍、锌等。 知识漏洞：钢、铝合金。

续表

访谈问题	主要观点及学生知识和思维漏洞
问题2： 金属材料具有哪些性质？（物理性质、化学性质）	①大部分金属具有导热性、导电性、延展性和熔沸点。 ②铁、铜等金属会生锈。铁可以和氧气在点燃的条件下反应生成四氧化三铁。 思维漏洞：仅限于认识个别金属的个别性质，没有以类别分析物质性质的概念。
问题3： 比较金属材料的相似性和差异性，它们之间具有何种规律性？	①金属材料的相似性和差异性多体现在物理性质上，如金属均具有导热性、导电性等。且不同金属的导电、导热性能不同。 ②金属材料均会与氧气发生氧化反应，但反应原理不清楚，不同金属的反应剧烈程度可能不同。其他化学性质不了解。最熟悉的金属材料是铁。 ③可能有规律，但是不清楚。 知识漏洞：对金属的物理性质认识不全面，对金属的化学性质了解甚少，多为知识片段。 思维漏洞：没有对不同金属进行横向对比的意识，学习方式仍停留在代表物质学习层面上，是"一对一"的学习。

通过对学生的课前问卷调查和访谈，发现学生对金属材料具有一定的认识，但仍停留在片段化、零碎化层面上，没有形成系统性、类别化认识。

在学科知识层面，学生能够从组成、性质、用途、来源几个角度描述某一种金属材料；能够结合生活经验和已有知识，分析金属的部分物理性质和化学性质；对典型金属（Fe、Cu）的性质认识较全面；部分学生能初步猜测铁生锈的原理，但这些认识中存在不完整性和错误。

在学科能力层面，学生已掌握基本的科学探究方法，能够独立完成简单实验，并通过描述实验现象得出简单结论，具备课堂实验探究的能力。另外，学生能够依据生活经验，筛选合适的金属材料，对饮料罐的材料和包装材质以及标示信息的作用具有一定辨识能力，这为学生进行饮料包装的创造性设计提供了基础。

在学科思维层面，学生明显停留在典型物质的学习方式上，仍旧以单一物质为核心进行物质间联系，认知域较窄；没有从类别的角度系统认识一类物质性质的意识，不具备分析同类物质的性质规律，并依据规律推测新物质性质的能力。

基于对学习内容和学生学习基础的分析确立认识发展目标。本单元是学生由单一物质走向一类物质学习的过渡阶段。通过学习几种典型金属（Fe、Al）的物理性质和化学性质，学生能够认识到不同金属的相似性和差异性，并逐步体会金属类物质的性质规律。在多组实验过程中，学生体会并应用排除法、控制变量法等科学探究实验方法，在真实的实验过程中，观察、描述现象，讨论交流，分析反思，提高化学学科核心素养水平。通过信息筛选过程，学生在快速读取有效信息方面得到锻炼。学生通过小组信息表达评价，发展整理、提取表达信息的能力。通过饮料包装设计，发展创造性思维，这个活动为学生提供了展示个人艺术水平、文化水平、生活技能水平的平台。另外，教师通过引导学生思考商品在生活中的真实流通情况，进一步强化道德素养的重要性。

2. 学习目标

（1）在活动"寻找合适的金属材料"中，能够掌握大多数金属的典型物理性质，并能够根据不同金属的特性选择适合用作易拉罐的材料。在面对大信息量、多类别信息选取时，了解必要的选择依据，并能够根据实际生活情况掌握选取的能力。（证据推理）

（2）在活动"探寻饮料罐包装的秘密"中，探寻运动型饮料包装材料的选择，了解饮料成分的营养作用；通过多组实验和小组讨论，自主发现并认识不同金属的化学性质，能应用金属活动性顺序发现金属的相似性和差异性。在真实的问题环境中，通过科学的探究实验过程，提升观察、实验、交流讨论和表达的能力。（科学探究）

（3）在活动"设计个性化饮料罐包装"中，认真了解商品标识的内容和作用，体会商品包装背后的科学、文化、艺术内涵。在设计饮料罐包装的过程中，提高艺术才能，发展个性特征。在饮料罐包装评价过程中，通过创造交流的平台，锻炼信息整理、语言表达、思维创新的能力。（科学态度）

◉ **单元学习活动**

"运动型饮料的包装设计"以学生能力发展为整体目标，以研究饮料包装材料为主要线索，引导学生在不同课时中逐一对金属材料的选择、金属材料性能、金属的性质和用途等方面进行深入认识，并初步学会运用类别观认识物质性质的方法。

本单元利用3课时带领学生按"包装材料选择→内外包装用途→外包装设计"的思路全面认识饮料罐包装。单元学习规划见表4-11。

第1课时主要研究饮料包装材料和外包装的作用。通过筛选大量金属材料信息，对比常见金属的物理性质和用途，确定合适的金属材料。通过研究饮料外包装的作用，探究铁生锈的条件。第2课时主要研究饮料包装内涂层的作用。通过实验探究金属与饮料是否反应等问题，认识金属的化学性质，进而了解包装内涂层的必要性。第3课时主要体现饮料包装的实际价值，学生通过设计个性化饮料包装，培养艺术素养和人文素养。

表4-11　单元学习规划

课时	学习目标	学习内容	学习活动	学习资源
第1课时	1. 通过对比常见金属的信息认识金属的物理性质，并筛选确定适合饮料罐的金属材料。	1. 金属材料的选择。 2. 判断铁生锈的条件。	1. 通过阅读不同金属资料，选择合适的金属。 2. 通过对铁生锈条件的探究，知道铁	1. 课前饮料罐材料的调查报告。 2. 各种金属信息资料表。

课时	学习目标	学习内容	学习活动	学习资源
第1课时	2. 通过分析饮料外包装的作用，认识金属锈蚀的原理，判断金属锈蚀发生的条件，分析防锈方法。		生锈的原理、发生条件和防锈方法。	
第2课时	1. 通过科学实验探究发现典型金属（Fe、Al）的化学性质，了解包装内涂层的作用并进行材料选择。 2. 在探究过程中应用金属活动性顺序表推测不同金属的性质，初步掌握从物质类别角度认识性质的方法。	1. 实验探究：铁罐、铝罐是否适合盛放柠檬酸味的饮料？结合金属活动性顺序解释实验现象，寻找并应用金属性质规律。 2. 依据金属的化学性质了解内涂层的作用并依据资料选取适合的材料。	1. 探究饮料各成分物质与铁粉、铝粉的反应情况。 2. 针对实验现象，思考Fe、Al的化学性质，并寻找规律。 3. 应用规律解释其他实验反应。 4. 阅读科普短文，选取适合的内涂层材料。	1. 饮料主要成分、铁粉、铝粉及实验器材。 2. 不同金属典型性质实验。 3. 金属活动性顺序表。 4. 科普短文。
第3课时	设计个性化饮料外包装，激发创造力，了解外包装设计中各要点内容和相应用途，深度挖掘其中的科学、文化、艺术、道德素养内涵。	依据评价标准，设计个性化饮料包装并进行小组展示和评价。	1. 小组设计并制作饮料外包装（课下）。 2. 小组展示饮料外包装设计，阐述设计创新点（课上）。 3. 小组依据评价标准进行评价（课上）。	1. 网络相关资源。 2. 各小组包装设计方案。 3. 成果评价表。

◉ **持续性评价**

见表4-12。

表4-12　持续性评价

序号	评价目标	评价任务	评价标准	评价方式
1	通过信息分析获取金属的物理性质，并能从金属物理性质的视角筛选饮料罐的金属材料。	依据资料，为饮料罐选择合适的金属并有效表达小组的讨论结果。	0分：关于金属物理性质的描述存在错误；不能从资料中提取出与饮料罐选择有关的信息。 1分：能够准确描述金属的物理性质，但不全面，能够从资料中提取出与饮料罐选择有关的信息，但不全面。 2分：能够准确、全面描述金属的物理性质，能够从资料中提取出与饮料罐选择有关的全面信息。	1. 课堂观察。 2. 学生（小组）合作自评表。
2	能够认识到金属锈蚀的原理，并能据此设计、分析防锈的方法。	观察并分析实验，总结铁生锈的条件，分析其中的原理，设计防锈的方法。	0分：不能从金属性质角度解释锈蚀过程，不知道如何寻找防锈的方法。 1分：能够从金属性质角度解释锈蚀过程，但不全面，能够从生锈条件角度寻找防锈的方法，但不全面。 2分：能够从金属性质角度全面地解释锈蚀过程，能够从生锈条件角度全面地寻找防锈的方法。	1. 课堂观察。 2. 根据学生回答问题的情况进行诊断。

续表

序号	评价目标	评价任务	评价标准	评价方式
3	通过科学探究认识金属化学性质的相似性和差异性，建立研究一类物质性质的思路方法。	金属化学性质的探究活动：猜想饮料各成分是否与金属发生反应，设计实验并实施验证猜想，依据实验结果得出金属的化学性质。分析金属化学性质的相似性和差异性，总结研究一类物质性质的思路方法。	0分：不能进行合理的猜想。 1分：能够进行合理的猜想，并能设立合理的实验方案，实验实施过程中存在操作、现象记录等方面的问题。不能全面地得出金属化学性质的相似性和差异性。不能说出研究一类物质性质的思路方法。 2分：能够进行合理的猜想，能设立合理的实验方案，规范地实施实验，得出实验结论。能全面地得出金属化学性质的相似性和差异性。能比较全面地阐述研究一类物质性质的思路方法。	课堂活动观测量表。
4	综合物质的性质、包装材料性能的需求、使用需要等多个方面选择并设计饮料外包装，具有文化、艺术等方面的内涵。	以小组为单位进行饮料罐包装设计的汇报展示。	0分：设计的饮料外包装没有考虑物质的性质与包装材料性能的需求之间的关系。 1分：设计的饮料外包装考虑了物质的性质与包装材料性能的需求之间的关系，体现了文化、艺术等方面的内涵。	1. 基于评价量表的评价反馈。 2. 学生（小组）作品成果互评表。

续表

序号	评价目标	评价任务	评价标准	评价方式
4			2分：设计的饮料外包装充分考虑了物质的性质、包装材料性能的需求、使用需要等多个方面，较好地体现了文化、艺术等方面的内涵。	

◉ 重要的评价工具

1. 学生（小组）合作自评表

见表4-13。

表4-13　学生（小组）合作自评表

项目	评价要素	评价等级			得分
		优秀（6分）	良好（4分）	一般（2分）	
合作和交流	活动计划安排	有计划性，在活动前对组员进行合理分工，针对性强	听从同组同学安排，能够提出合理建议	完全听从同组同学的安排	
	发言状态	能认真倾听他人的想法，积极表达自己的想法	能倾听他人的想法，偶尔表达自己的想法	仅倾听他人的想法	
	思考状态	有自己的独立想法	在他人想法的基础上能有更多的想法	在他人想法的基础上只有一点想法	
	完成学案	全部独立完成	偶尔需要同学帮助，大多数能自己独立完成	大多数内容要参考同组同学的学案	

2. 学生（小组）作品成果互评表

见表 4-14。

表 4-14 学生（小组）作品成果互评表

项目	评价要素	评价等级			得分
		优秀（6分）	良好（4分）	一般（2分）	
成果展示	调查实物数量	6个及以上	3~5个	1~2个	
	调查报告完成度	完成4~6种金属饮料罐信息提取	完成2~3种金属饮料罐信息提取	完成1种金属饮料罐信息提取	
	调查报告准确度	填写的信息全部符合事实	填写的信息大部分正确，个别地方存在错误	填写的信息存在较多错误	
	产品名称	符合实际，具有吸引力	符合实际	不符合实际	
	包装图案	美观，具有吸引力，突出名称	突出名称，但图案缺乏吸引力	图案凌乱，没有主题	
	成分表	准确，清晰，符合事实	准确，符合事实，但表述不清晰	表述不清晰，不符合事实	
	保质日期、生产日期、地址	信息完整、真实	信息不完整或不真实	信息不完整且不真实	
	绿色环保标志	有，醒目	有，不够醒目	没有标志	
	文化艺术	具有艺术美感，蕴含文化思想	渗透了一定的艺术或文化思想	较少体现文化艺术意义	
	演讲内容	内容完整，重点明确，条理清晰	内容完整，重点较明确	内容较完整，重点不突出	
	演讲状态	声音洪亮，充满自信	声音洪亮，不太自信	声音小，演讲不自信	

◉ **教师反思**

在深度学习理念的指引下，对第八单元"金属和金属材料"做了整合，主要整合了原课题 1 的金属材料的选择依据和合金，以及课题 3 的金属铁的生锈原理及防锈方法。

单元化教学把知识问题化、主题化，通过设置能力进阶的挑战性任务，把学生引向科学探究的过程中，使学生具备正确的科学态度，帮助学生建立科学思维路径，提升学生化学学科核心素养。在处理真实问题过程中，学生学会运用化学的视角进行分析、判断、解决问题的角度和方法。

1. 依据学生访谈（课后）进行教学效果分析

访谈主要问题见表 4-15。

表 4-15　学生访谈（课后）主要问题

序号	问题内容
1	学习本单元后，你认为金属这类物质具有哪些性质？
2	相较于单一物质学习方式，你认为以类别的角度认识物质具有什么优势？
3	你对在真实情境下进行学科知识学习有什么看法？
4	你如何理解本单元中的"实验探究""小组评价"和"产品展示"等活动在学习过程中发挥的作用？

访谈内容归类整理如下。

问题 1 观点：学习本单元后，不仅了解了金属的更多物理性质，而且系统地掌握了金属的化学性质，比如金属不仅可以与氧气发生氧化反应，还可以与酸类、盐类物质发生反应。不同金属的反应效果不同，这要遵循金属活动性顺序。依据金属活动性顺序，不仅可以进行金属的性质判断、现象分析，还可以对未知金属的性质进行预测。

问题2观点：相较于单一物质的性质学习，本单元的学习容量要大得多。这不仅指金属这个维度（由一种金属到不同种金属），还包括与之反应的酸类、盐类物质。所以本单元学习不是建立在某一特定物质基础上，而是建立在某一类别物质的性质规律基础上。不再是"一对一"，而是"一类对一类"。而这种维度拓展衍生出的知识信息将是极其丰富的。这也是本单元在思维上相较之前认知的提升。

问题3观点：本单元的学习挺有趣的。这是一个让人感觉非常真实的情境。从分析饮料成分对金属罐的作用到我们进行实验分析，得出结论，再到后期我们小组共同设计饮料罐的包装，并绞尽脑汁地进行广告宣传，这一切都太好玩了。这让我不认为是在学习枯燥的知识，而是在有趣的活动中恰巧学习并应用了化学知识。

问题4观点：这次学习除了学习新的知识之外，让我印象最为深刻的可能就是其中丰富有趣的活动了。比如探究铁生锈条件的科学实验，品尝新饮料并进行探寻饮料成分对金属罐影响的实验，还有设计饮料罐的包装。另外，这些活动中有效的评价机制使我愿意真正投入进去，我觉得我的努力能够得到大家的认可，这让我觉得我的努力是值得的。

基于对学生反馈信息的分析，本单元的教学达到了预期效果，学生完成了对金属类物质的学习，学科能力在实践中得到进一步的锻炼，核心素养在真实情境中得到了培养。

在知识层面，学生进一步掌握了金属可以与酸类、盐类物质发生反应，知道不同金属由于活动性顺序不同，反应效果、反应结果也不同，并能够依据金属活动性顺序判断、预测未知金属的性质。

在学科能力层面，学生掌握了从类别角度认识物质间的关系，能够在原有单一反应维度上进行量的拓展，并对相似反应进行横向、纵向比较，从而认识一类物质的相似性和差异性，寻找规律，并依据规律进行未知金属的性质拓展。另外，实验探究活动和饮料罐包装设计活动最大限度调动了学生的主观能动性，充分发挥了他们的动手能力、创新能力、合作能力、表达能力，促进了学生综合能力的发展。

在核心素养层面，通过搭建"饮料罐包装设计"平台，使学生学会关注身边普通物品背后的科学信息、文化信息和艺术信息，通过自主设计思考饮料罐背后的科学素养、文化素养、艺术素养。

2. 依据教学效果进行反思

从本单元教学效果看，学生在实验探究过程中兴趣高、信心强，能够较好地完成小组实验探究。但其中也发现了一些问题：学生对同一实验的方案设计数目较少，实验分析、反思能力较弱。学生禁锢于1~2个实验方案，而没有多思路、多角度、多层次的思考方式。另外，学生反思时仅考虑本实验的结果，而没有对实验中的问题进行二次提问，科学探究的思想没有得到真正培养。这主要反映出学生的思维能力不足，尤其是发散性思维。因此，培养学生科学探究的思维能力是化学实验教学的核心内容。学生在实验过程中能否体会到"真实验""真探究""真合作"，取决于教师如何面对每一次普通的化学实验，如何处理每一次的实验教学。

3. 深度学习促进学生学科核心素养发展

深度学习的实施不仅有利于教师的成长，同时也是促进学生深入理解学科思想、学科本质的过程。在不断理解学科发展理念的过程中，教师会不断改进教学设计，展现出更加科学、更加适应学生学科认知特点的教学方案。而在这个过程中，学生收获的不仅是知识的积累，更多的是思维路径的建立以及学科核心素养的发展。

在本单元的教学过程中，以"运动型饮料的包装设计"为主任务驱动，调动学生的各种感官、能力去发现、分析、解决任务中的各种问题并进行知识的积累。通过阅读资料、分组实验、实验结果分析判断、小组讨论、产品展示、小组评价等一系列的学生活动，串联起本单元最基本的教学活动，使学生不仅在金属类别物质的专业知识方面获得系统成长，更在专业知识和生活问题的链接上架起了桥梁。

　　本次单元教学只是对深度学习的一次积极尝试，它只是我们教学的一个阶段，绝不会是终点。我们会把在这次研究过程中的所学、所思、所感进行沉淀，取其精华，应用在今后的教学过程中。

◉ **附件**

深度学习（课时）教学流程

第 2 课时		
学习目标	1. 探寻柠檬酸味饮料包装材料的选择，了解饮料成分的营养作用。 2. 通过多组实验和小组讨论，自主发现并认识不同金属与酸、盐反应的化学性质，并应用金属活动性顺序发现金属的相似性和差异性。 3. 在真实的问题环境中，通过科学的实验探究过程，提升观察、实验、交流讨论和表达的能力。	
教学环节	学习活动	评价要点
环节 1 探究饮料各成分是否与金属反应	1. 品尝饮料，了解饮料的成分，猜想铁罐或铝罐是否能直接存放饮料，并针对猜想阐述相应理由。 2. 各小组设计实验方案证明猜想，针对方案可行性进行讨论并形成统一方案。	1. 通过课堂观察，评价学生是否能够结合体验和资料，有逻辑地表达对饮料的认识，并合理表达猜想假设。 2. 通过观察小组讨论过程和学生汇报讨论结果，评价学生是否可以设计合理的实验方案，是否能描述具体实验方法和实验细节。
环节 2 分析实验结果，发现金属活动性的规律并进行应用	1. 各小组依据实验方案探究金属铁、铝的性质。 2. 分析实验结果，寻找铁、铝化学性质的相似性和差异性，并利用金属活动性规律进行解释。	1. 通过观察学生实验，评价学生是否规范进行实验操作。评价学生能否清晰表达实验结果并得出实验结论。 2. 通过课堂提问，观察学生是否能从金属活动性顺序中发现不同金属间的相似性和差异性规律。

续表

教学环节	学习活动	评价要点
环节 2 分析实验结果，发现金属活动性的规律并进行应用	3. 应用金属活动性规律推测不同金属与常见化学物质（HCl、H_2SO_4、$CuSO_4$ 溶液、$AgNO_3$ 溶液）的反应。 4. 各小组通过实验验证上述推测并落实各反应的化学方程式。	3. 通过观察学生是否能推测其他金属的性质，评价学生能否理解、应用金属活动性顺序规律。 4. 通过观察学生书写化学方程式的情况，评价学生正确书写化学方程式的能力。
环节 3 选择内涂层材料	阅读科普短文，选择适合作为饮料罐内涂层的材料。	通过阅读科普短文并做出选择，评价学生是否能够有效提取文本信息。

板 书 设 计

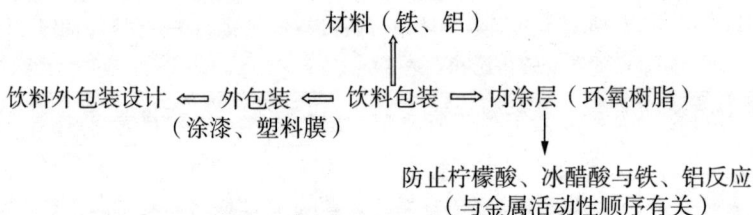

材料（铁、铝）

饮料外包装设计 ⇐ 外包装 ⇐ 饮料包装 ⇒ 内涂层（环氧树脂）
（涂漆、塑料膜）

防止柠檬酸、冰醋酸与铁、铝反应
（与金属活动性顺序有关）

作 业 设 计

一、请依据对金属性质的理解回答下列问题

1. 在金属化学性质的实验中，下列操作不能达成实验目的的是（　　）

选项	实验目的	实验操作
A	研究金属是否都能与盐酸反应	将镁、锌、铜片分别放入稀盐酸中
B	证明不同金属与酸反应的剧烈程度不同	将铜和银分别放入稀盐酸中
C	证明铁的活动性比铜强	将铁放入硫酸铜溶液中
D	比较锌和铜的金属活动性	将锌和铜分别放入稀硫酸中

2. 金属在生产生活中应用广泛

（1）补齐下列金属制品与其性质的连线。

纯金饰品　　　　　　铁锅　　　　　　铜导线

导热性　　　　　导电性　　　　　金黄色，有光泽

（2）铜是人类认识并应用最早的金属之一。"湿法炼铜"是利用铁与硫酸铜溶液反应制取铜，该反应的化学方程式是＿＿＿＿＿＿＿＿
＿＿＿＿＿。

二、各小组课后完成饮料外包装设计

设计内容包含名称、图案、成分表、生产日期、保质期、厂址（可虚构）和绿色回收等内容，其他特色内容可自行设计。课上各小组进行方案展示并针对设计主题、内容、特色等进行评价。

案例四

"多角度认识物质的化学变化" 专题复习

授课年级：九年级

单元总课时：4课时

设计者：陈　颖① 宋晓萌

执教者：宋晓萌

⊙ 单元学习主题

1. 主题名称

多角度认识物质的化学变化。

2. 主题的解读

"物质的化学变化"是课程标准中的一级主题，其下有"化学变化的基本特征""认识几种化学反应"和"质量守恒定律"三个二级标题，主要包括化学变化的特征、化学反应的类型、化学反应的表示方法、化学反应中的能量变化以及质量守恒定律等内容。

以上内容在教材中不是集中呈现的，从第一单元课题1"物质的性质和变化"到第八单元"金属和金属材料"，再到第十单元"酸和碱"、十一单元"盐　化肥"，都有关于物质的化学变化的教学内容。教材采取分散处理的方式，即身边的化学物质是内容组织的明线，物质的化学变化则是暗线。

从学科本体角度来看，化学是研究物质及其变化的科学，化学变化是化学学科的主要研究对象。物质世界充满了化学变化，人类的生

---

① 工作单位为北京市海淀区教师进修学校。

产生活离不开化学变化。对化学变化逐步深入的研究和认识使得人们能够更好地控制和利用化学反应，这种利用主要表现在两方面：一是利用化学变化中的物质转化合成人们需要的物质或者消除不利的物质；二是利用化学变化中的能量转化提供生产生活中所需要的能量。此外，从学科知识体系和发展过程来看，对化学变化的研究也加深和促进了人们对物质的组成、结构、性质和用途的研究。

从学科核心素养发展的角度看，学生通过专题复习应该达成如下基本认识：物质在一定条件下可以发生化学变化，这种化学变化一方面是物质转化，另一方面是能量转化，物质转化的实质是构成物质的微粒发生了改变，也就是我们强调的原子的重新组合，能量转化的实质是体系中微粒的内能发生了改变。人们利用和控制化学变化的目的一是利用物质转化合成新物质，二是利用能量转化实现供能。通过控制条件使得反应按需求发生，通过实验获得变化的表征，基于现象研究变化的本质。

基于上述分析，有必要对物质的化学变化进行专题复习，以培养学生变化观念、微观探析、证据推理、科学探究和科学态度等方面的核心素养。

◉ **单元学习目标**

1. 目标确定

人教版教材对于涉及化学变化的内容是分散处理的。随着学习的深入，学生对化学反应的认识应该是不断发展变化的，学习第一、第二单元时处于感知化学变化阶段，学习第三至第五单元时处于理解化学变化阶段，学习第五至第十二单元时处于应用化学变化阶段。学生对化学变化的认识程度随着学习进程逐渐加深。

学生对化学反应的认识是在学习过程中不断发展变化的。不同的阶段，学生对化学反应的认识发展到了什么水平，需要通过调查才能确定。研究团队以实验校初三学生为研究对象进行了问卷调查。

　　以镁条和氧气反应生成氧化镁为素材，调查学生学习第二单元和第五单元后在感知化学变化和理解化学变化方面的阶段性差异，结果见表4-16。

表4-16　学习第二单元和第五单元后问卷调查

时间	问题	学生回答		统计结果（%）
学习第二单元后	对于镁和氧气反应，你有哪些认识？	关注反应现象（白光）		83.3
		关注能量变化（放热）		64.6
		关注条件（点燃或加热）		75.0
		关注物质	反应物、生成物	27.1
			文字表达式	56.3
		关注反应类型	化合反应	27.1
			氧化反应	14.6
学习第五单元后	基于镁和氧气生成氧化镁这个化学反应，你能想到什么？	关注反应现象（白光）		92.6
		关注能量变化（放热）		92.6
		关注条件（点燃或加热）		88.9
		关注物质	反应物（颜色、状态、气味、物质种类）	48.1
			生成物（名称、颜色、状态）	98.5
		关注反应类型	化合反应	48.1
			氧化反应	25.9
		关注式量	反应物和生成物质量关系（48份镁和32份氧气可以生成80份质量的氧化镁等）	72.7
			物质的式量（镁的相对原子质量为24等）	9.1

续表

时间	问题	学生回答		统计结果（%）
学习第五单元后	基于镁和氧气生成氧化镁这个化学反应，你能想到什么？	关注元素（反应前后元素种类不变，物质由元素组成）		16.7
		关注微粒	化学反应前后的微粒（镁原子和氧分子生成氧化镁分子）	71.2
			化学反应过程中微粒的变化（分子破裂为原子，重新构成新的分子；反应前后原子种类、个数不变）	13.6
			原子构成、电子转移	9.1

在学完第八单元"金属和金属材料"之后进行调查，探查学生利用和控制化学反应的认识情况，结果见表4-17。

表 4-17　学习第八单元后问卷调查

问题	学生回答		统计结果（%）
利用镁和氧气这个化学反应能做些什么？	能量角度	光能（闪光弹、镁光灯、烟花等）	72.2
		内能（提供热量、自热米饭等）	16.7
	物质角度	生成物（制氧化镁、涂料等）	25
		反应物（消耗氧气、作脱氧剂）	11.1
	有意识从能量、物质两个角度分类回答		0
设计实验研究铜和氧气的反应，你为何这样设计？（尽可能详细阐明你的想法）	基于反应物（氧气）浓度设计实验		11.1
	基于反应条件（温度）设计实验		5.6
	基于现象设计实验（如果铜片变黑，则反应发生等）		58.3
	基于定量角度设计实验（如果反应后铜片质量增加，则反应发生）		2.8
	基于生成物的性质设计实验	氧化铜的化学性质（滴入硫酸，黑色固体变为蓝色溶液）	11.1

从统计结果看，学生在不同的学习阶段对化学反应的认识水平不同，在同一阶段的不同学生对化学变化不同认识角度的认识水平、同一认识角度的认识水平也是不同的，具体表现如下。

（1）学习第五单元后，学生增加了从微观认识化学变化这一角度，但仅仅是关注到反应中的微粒，对微粒与化学变化的关系认识严重不足。

（2）学习第八单元后，对于非常熟悉的化学反应，学生对从不同角度利用化学反应的认识是不均衡的，没有建立物质角度和能量角度。

（3）学习第八单元后，学生在反应条件和反应物浓度等方面，尤其是从反应条件方面调控化学反应的意识很弱，只占总数的 5.6%，大部分学生没有建立调控化学反应的认识。

2. 学习目标

（1）通过对熟知的生活情境素材的分析和讨论，认识化学变化中存在的物质转化和能量转化，建立"一定条件下物质可以转化"的基本观念。（变化观念）

（2）通过从微观角度对典型物理变化和化学变化进行分析，认识物质转化的实质——微粒改变（分子改变，原子重组），能够从定量的水平认识物质的化学变化（微观——原子个数守恒），动态建立微粒与化学变化之间的联系。（微观探析）

（3）通过研究改变条件调控化学反应的情境素材或实验，认识到通过改变条件可以调控化学反应的发生，为人类服务，形成调控化学反应的意识。（变化观念）

（4）通过研究证明化学反应发生的方案和思路，认识现象对于化学反应的重要性，能够从反应物减少或生成物出现的角度设计实验，证明无明显现象的化学反应的发生。（证据推理、科学探究）

（5）通过对广泛联系生产生活实际的化学问题的解决，逐步形成思路，能够运用化学变化多个角度间的逻辑关系解决实际问题。（科学态度）

◉ **单元学习活动**

　　"多角度认识物质的化学变化"专题复习以学生的认识能力发展为整体目标，在复习阶段以学生对化学变化的认识角度的丰富作为教学线索，在不同课时逐渐建立和深化学生对化学变化的物质角度、能量角度、微观角度，以及现象和条件等角度。

　　本专题需要4课时完成（见表4-18）。第1课时，引导学生认识物质在一定条件下可以发生化学变化，这种化学变化一方面是物质转化，另一方面是能量转化；第2课时，认识物质转化的实质是构成物质的微粒发生了改变，也就是原子的重新组合，能量转化的实质是体系中微粒的内能发生了改变；第3课时，发现人们利用和控制化学变化的目的一是利用物质转化合成新物质，二是利用能量转化实现供能，通过控制条件使得反应按需求发生；第4课时，通过实验获得化学变化的表征，基于现象研究化学变化的本质。

表4-18　专题复习各课时安排

课时	学习目标	学习内容	学习活动	学习资源
第1课时	从物质转化和能量转化的角度认识化学变化，认识到化学变化为人类带来了更多更好的物质；化学变化中的能量转化给人类生活带来了改善。	化学变化中的物质转化和能量转化。	分析汽车中与化学变化相关的问题。	可利用太阳能转化的氢氧燃料电池小汽车模型。
第2课时	深化微粒观，能用微粒的观点解释某些常见的现象。发展微粒观，建立微粒与化学变化之间的联系，能从微观角度分析化学变化的实质。	化学变化中的微粒转化。	分析、绘制一系列图示，从微观、定量的角度分析物质的变化。	分离液态空气、水分解、硝酸钾溶液饱和后析出晶体等图片素材。

续表

课时	学习目标	学习内容	学习活动	学习资源
第3课时	认识化学反应发生需要一定条件，建立通过控制反应条件调控化学反应的意识，认识到通过控制反应条件，可使反应的发生符合人们的需要。	化学变化进行的条件。	观看获奖科学家事迹视频，动手实验，研究使过氧化氢迅速分解的方法。	学生录制的科学家事迹视频；5%、10%浓度过氧化氢溶液，硫酸铜、氯化铁和猪肝等催化剂。
第4课时	认识现象对于化学反应的重要性，能够依据现象判断化学反应的发生。学会从反应物减少或生成物存在的角度证明没有明显现象的化学反应发生的实验方法。	化学变化中的宏观现象。	通过实验，讨论分析判断二氧化碳与氢氧化钠反应、酸碱中和反应发生的依据。	40%氢氧化钠溶液、二氧化碳、气球和圆底烧瓶；5%氢氧化钠溶液、稀盐酸、酚酞和小试管。

◉ **持续性评价**

见表4-19。

表4-19 持续性评价

序号	评价目标	评价任务	评价标准	评价方式
1	建立"一定条件下物质可以转化"的基本观念；从物质转化和能量转化的角度认识化学变化；化学变化中的物质转化和能量	1. 课前，探查学生对氧化钙和水的反应用途的认识情况，看学生是否从能量和物质的角度进行回答。 2. 课后，让学生从单元学习任务单中给定的7个熟悉的化学反应中选择1个，从不	0分：只能从物质变化或能量变化单一视角认识化学反应。 1分：能够从物质变化、能量变化两个视角认识化学反应，在提示情况下能够说出化学变化中物质转化和能量转化的应用	前测、单元学习任务单。

续表

序号	评价目标	评价任务	评价标准	评价方式
1	转化给人类生活带来了改善。	同角度进行分析。（学生自主调用关于化学反应的认识角度进行分析。）	价值。 2分：能够主动说出化学变化中物质转化和能量转化的应用价值，有利用化学变化改善人们生活质量的意识。	
2	从微粒角度解释生活中的现象；从微观角度认识物理变化；建立微粒与化学变化的联系，从微观角度认识化学变化。	1. 课上学生回答问题、填写学案，以及课后填写任务单时，观察是否能用微粒的观点解释物理变化（分离液态空气、硝酸钾溶解后饱和再析出）、化学变化（水通电分解等）。 2. 课后，在师生访谈中关注学生对碳酸钠与氢氧化钙等复杂反应的微观实质的分析是否合理。	0分：不能从微粒视角认识物理变化、化学变化及解释相关的现象。 1分：能从微粒视角认识物理变化和解释相关的现象。 2分：能从微粒视角认识化学变化和解释相关的现象。	学案、课堂观察、师生访谈及单元学习任务单。
3	建立化学反应的反应条件视角，形成调控化学反应的意识。	1. 课上，观察学生设计实验方案时和得出实验结论时，是否关注化学反应条件。 2. 课上，关注学生回答问题；课后，关注问卷及任务单是否体现调控化学反应的意识，是否认识到调控化学反应可以为人类服务。	0分：不关注反应条件。 1分：关注反应条件，认识到调控化学反应的意义。 2分：建立调控化学反应的意识，有主动通过调控化学反应为人类服务的想法。	实验方案、课堂观察、课后问卷及单元学习任务单。

续表

序号	评价目标	评价任务	评价标准	评价方式
4	建立化学反应现象的视角，认识现象对于化学反应的重要性，能依据现象判断化学反应发生。	1. 课上，观察学生在分组讨论和设计实验方案时是否关注现象，是否能从反应物消失和生成物出现的角度进行设计。 2. 课后，关注学生填写任务单时是否认识到现象对于化学反应的重要性，是否能够依据独有的现象，判断有明显现象化学反应的发生。	0分：不关注化学反应的现象，不具备反应现象这一认识角度。 1分：关注化学反应的现象，理解现象对于判断化学反应发生的重要性，知道有明显现象的化学反应发生与否的判断方法。 2分：理解现象对于判断化学反应发生的重要性，能够设计实验证明无明显现象的化学反应是否发生：从反应物减少或生成物存在的角度证明没有明显现象的化学反应发生。	实验方案、课堂观察及单元学习任务单。

◉ **重要的评价工具**

单元学习任务单，见表4-20。

表4-20　单元学习任务单

请你与小组同学合作，随本专题的复习进度，通过网络、图书等查阅资料，不断梳理、总结你对化学反应的认识及理解，可以在下列化学变化中选定一个作为主要的反应示例，以录制微视频的方式呈现小组学习成果，在第5课时进行集中汇报交流。

可供选择的反应

1. 碳酸钙与稀盐酸反应
2. 氧化钙与水反应

续表

> 3. 铁与氧气反应
>
> 4. 水分解反应
>
> 5. 一氧化碳还原氧化铁
>
> 6. 铁与硫酸铜反应
>
> 7. 氢氧化钠和稀盐酸反应
>
> 第1课时：说出从哪些角度利用了一个化学反应。
>
> 第2课时：从微粒的角度认识化学反应（说出由分子、原子和离子构成的物质的化学反应中微粒的变化情况）。
>
> 第3课时：联系生活生产实际，从化学反应条件的角度分析人们是如何通过条件控制化学变化的。
>
> 第4课时：讨论反应有哪些重要现象，如果该反应无明显现象或重新选择一个已学过的无明显现象的化学反应，思考如何通过实验证明这个化学反应发生了。

◉ **教师反思**

对于复习课，理论的支持是关键，需要成熟、科学的课程模式和理念；深度学习主题的选择要基于科学本质，结合课程标准、教材特点及学生需要确立；学习目标的制定需要做好充分的学情调研，结合课程标准和教材，确立深度学习目标；持续性评价和深度学习活动共同作用，达成深度学习目标。

例如，根据课程目标和学生实际情况，设计单元整体学习任务单。第1课时结束后，学生对一个化学反应从应用角度录制视频，应用角度有序、明显，且为其他学生做出示范，促进其他学生对化学变化的学习。

例1：学生有意识地从不同角度分析氧化钙与水反应的用途（如图4-6所示）。

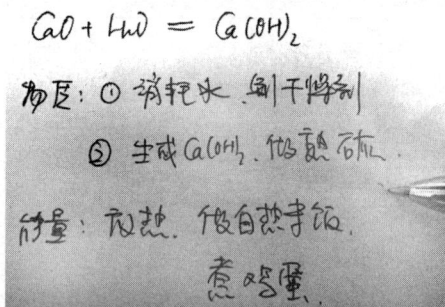

图4-6　学生从物质和能量角度认识化学反应

第2课时结束后，在师生访谈过程中，学生对复分解反应的理解达到了新的高度。

例2：随着访谈深入，学生对溶液中的微粒种类、微粒个数、生成沉淀的微粒构成状况、化学反应的微观实质等认识逐步清晰，最终，学生基于对物质构成微粒和溶解度的理解，写出离子反应原理（如图4-7、图4-8所示）。

教师：对于碳酸钠和氢氧化钙的反应，你怎样用微观示意图表示反应过程？碳酸钙为什么会沉淀下来？

学生A：某个时刻某些粒子巧遇。

学生B：某些粒子结合后更加稳定。

追问1：我们学过的哪些知识能解释这一问题？

学生A、B：溶解度，质量，微粒的质量对应的微粒数目。

追问2：对于课堂上提到的碳酸氢铵和氯化钠溶液混合，如果未达到饱和状态无晶体析出，算不算发生反应？

学生A：由于微粒在溶液中可以随意组合，也可以算反应，也可以算未反应。

学生B：由于没有沉淀，没有现象，所以没有反应。

追问3：如果在蒸干的过程中出现了某物质算不算发生反应？

学生 A、B：算！

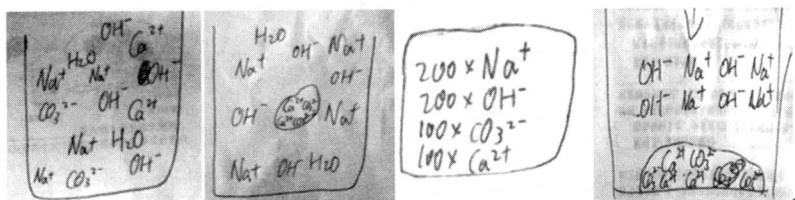

图 4-7　学生对碳酸钠与氢氧化钙在溶液中反应的微观分析

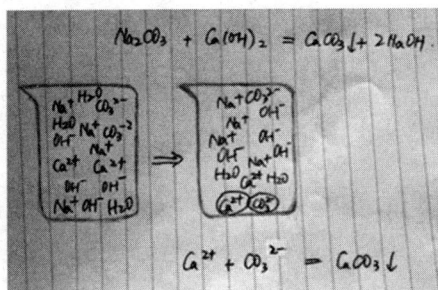

图 4-8　学生最终得出碳酸钠与氢氧化钙发生反应的微观实质

学生受已学课程巨大收获的促动，主动询问教师，为后面课程录制视频素材。

例 3：学生再现弗里茨·哈勃、卡尔·博施和格哈德·艾特尔三位科学家先后因研究合成氨工艺而获得诺贝尔化学奖的故事，生动活泼，现场效果火爆，学生学习的积极性大为提升（如图 4-9 所示）。

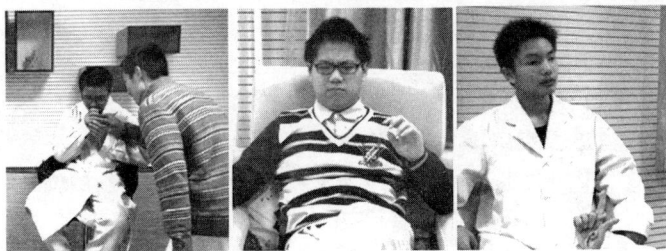

图 4-9　学生扮演科学家，介绍实验成功的关键

后测问卷显示，学生从反应物浓度（前测 11.1%，后测 86.1%）和温度（前测 5.6%，后测 77.8%）等反应条件的角度研究化学反应的人数大为提升。学生回答示例见图 4-10。

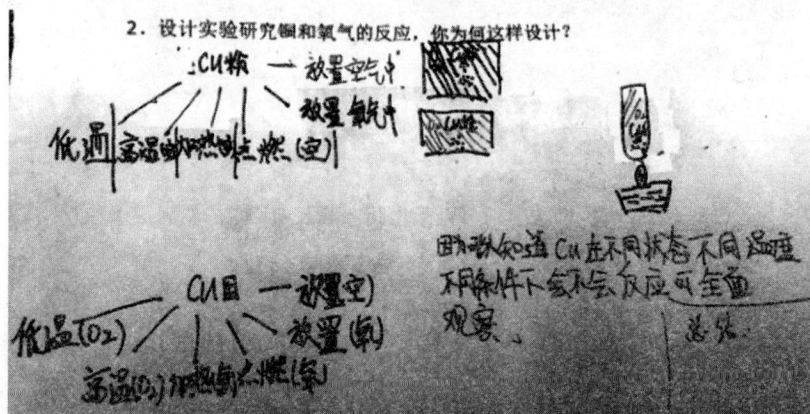

图 4-10　学生从不同角度研究铜和氧气的反应

授课教师感到，在专家的引领下，在团队的共同努力下，深度学习将复习课引领到一个新的高度，学生在课堂中的反应让教师们获得了一次次的惊喜。

⊙ **附件**

深度学习（课时）教学流程

第 3 课时	
学习目标	1. 通过对化学史的学习，了解化学学科对社会发展的贡献。认识反应条件对化学反应的重要性，形成"一定条件下物质可以转化"的基本观念。 2. 通过调控化学反应实验，感受实验和小组合作探究带来的快乐，建立通过控制反应条件调控化学反应的意识。 3. 通过生活中调控化学反应实例，体会化学学科的价值，认识到通过控制反应，可使反应的发生符合人们的需要。

续表

教学环节	学习活动	评价要点
环节1 引入	**利用熟悉的化学反应，引发学生思考化学反应的反应条件** 问题1：碳与氧气的反应能发生吗？ 学生：碳和氧气可以反应。 反思后回答：碳和氧气在常温下不反应，在一定温度下可以反应。	1. 通过观察学生的课堂表现关注学生是否认识到碳在常温下化学性质稳定。 2. 通过关注学生回答，探查学生对反应条件的认识情况。
环节2 认识反应条件的重要性	**通过视频素材（工业合成氨），认识反应条件对化学反应的重要性** 问题2：从技术上说，工业合成氨成功的关键是什么？ 学生通过观看自导自演的视频——三位科学家因对合成氨研究的贡献先后获得诺贝尔化学奖后回答。 学生1：没想到研究反应条件也能获诺贝尔奖。 学生2：对反应条件的研究成果是三位科学家获得诺贝尔奖的原因。 学生3：反应条件应该是化学反应的一个重要因素。	观察学生观看视频后的表现，关注学生在回答问题时是否进一步认识到反应条件的重要性，是否认识到反应条件是化学反应的重要因素，是化学学科的一个研究领域。
环节3 形成调控化学反应的意识	**通过实验，认识到通过控制反应条件可以调控化学反应** 问题3：用何种方法可以使过氧化氢迅速放出氧气？ 【实验】学生通过改变过氧化氢溶液浓度、加热和使用不同种类催化剂（氯化铁、硫酸铜和猪肝），观察带火星木条的复燃情况，并分析讨论。 学生：其他条件相同时，改变催化剂种类、温度或浓度之一，可以影响化学反应速率。 教师进一步给出安全气囊的使用、鱼塘	1. 观察学生在实验设计和实验结束后小组汇报时，是否能从浓度、温度、催化剂等角度思考设计。 2. 关注学生通过实验研究和文字素材的学习，在交流汇报时是否认识到可以通过改变反应条件，加快或减慢化学反应速率，是否认识到可通过控制反应条件调控化学反应发生。

续表

教学环节	学习活动	评价要点
环节 3 形成调控化学反应的意识	增氧剂等生活案例，学生继续分析、讨论。 学生 1：发生交通事故时，需要安全气囊在极短时间内放出气体，如果这个化学反应速度不够快，可以通过改变反应条件来加快反应速度；为持续给鱼提供氧气，鱼塘中的氧气需要缓慢放出，因此需要减缓反应速度，可以通过降低反应物浓度等方法。 学生 2：可以通过改变化学反应条件，来控制化学反应的发生情况。	
环节 4 认识到通过调控反应可以为人类服务	**分析生产生活中利用反应条件控制化学反应的例子** 问题 4：你能说出人们是如何利用反应条件控制化学反应的吗？ 学生 1：酸奶机是通过提高温度使鲜奶快速变为酸奶的。 学生 2：冰箱使食物保鲜是利用降低温度改变食物腐烂的化学反应速度。 学生 3：汽车加装催化净化装置，可以使尾气中的有害物质迅速发生化学反应，生成无害物质，减少尾气排放。 学生 4：人们可以通过改变化学反应的条件调控化学反应，使反应的发生符合人们的需要。	1. 关注学生能否找出例子中的反应条件是什么，以及怎样调控反应的发生。 2. 观察学生在回答问题时是否认识到控制反应可使反应的发生符合人们的需要。
环节 5 终极展示	**应用所学解读文字素材，加深利用化学反应和控制反应的认识** 问题 5：哥伦比亚航天飞机是如何利用和控制化学反应来利用燃料升空的？ 文字素材：航天飞机用铝和高氯酸铵（NH_4ClO_4）作燃料，加热铝粉使其被氧	1. 观察学生在分析素材时能否从能量、物质的角度关注化学反应（第 1 课时学习内容）。 2. 观察学生在书写化学方程式时是否重视反应条

续表

教学环节	学习活动	评价要点
环节5 终极展示	气氧化，放出大量的热，促使高氯酸铵分解，生成四种气体：两种气体是空气中的主要成分，一种气体是 Cl_2，还有一种气体是化合物（常温下是液态），因而产生巨大的推动力。 学生从能量、物质、条件等多角度思考，书写化学方程式。	件，是否关注反应条件对化学反应的影响。

板 书 设 计

多角度认识物质的化学变化

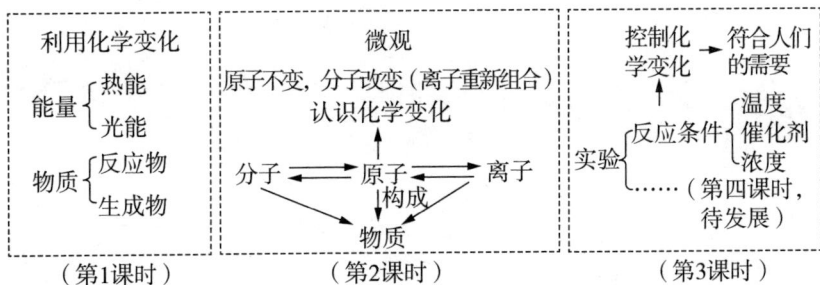

利用化学变化

能量 { 热能 / 光能

物质 { 反应物 / 生成物

（第1课时）

微观
原子不变，分子改变（离子重新组合）
认识化学变化

分子 ⇄ 原子 ⇄ 离子
构成
物质

（第2课时）

控制化学变化 → 符合人们的需要

实验 反应条件 { 温度 / 催化剂 / 浓度
……（第四课时，待发展）

（第3课时）

作 业 设 计

课时	作业	内容
第3课时	1. 完成单元学习任务单。 2. 完成课后问卷。 3. 完成课时作业。	1. 从反应条件的角度回答对选定化学方程式的新认识。 2. 设计实验方案，研究铜和氧气的反应。 3. 根据文字内容书写化学方程式，并将所学化学方程式从条件的角度进行梳理（例：在光照条件下，利用含有石墨烯的催化剂，可使水分解生成氢气和氧气，该反应的化学方程式为_____）。

附　录

附 录 一

主要术语或重要内容索引

附 录 二

必备工具（用于检验深度学习的教学设计）

1. 单元学习主题的检验

◎ 涵盖化学核心知识，体现知识结构框架

◎ 有稳定的认识领域和研究对象

◎ 需要独特的认识角度和认识思路

◎ 有真实的客观存在和应用

◎ 与其他内容专题具有实质性联系

◎ 具有一定的复杂性和综合性

◎ 受学生欢迎，具有驱动性，可实施

◎ 主题名称彰显挑战性、核心素养

2. 单元学习目标的检验

要素	内容
一致性	体现化学课程标准和教科书的主要知识，水平符合学生实际情况。
发展性	以化学核心知识为载体，指向学生对化学学科思想和方法的理解，迁移应用化学知识、学科思想方法解决问题能力的发展。
可测性	具体可测查，体现期望学生达到的程度。
整合性	体现不同维度目标的整合，核心知识、关键能力、必备品格、正确价值观念的融合。

3. 单元学习活动的检验

要素	内容
一致性	学习活动内容、形式与深度学习目标相契合，落实化学学科核心素养。
系统性	各个活动间有紧密联系，符合问题解决过程和学生认知发展规律。

续表

要素	内容
挑战性	学习活动具有挑战性和适切性，能让学生深度参与并获得深刻体验。
实践性	学习活动是有教师指导的实践性活动，学生亲身经历问题解决过程或者有充分体验，有更多表达观点的机会，是外显其内隐思维的过程。
多样性	单元学习主题内使用多种活动形式，考虑学生多种学习倾向和学习风格，尽可能使每个学生各得其所。

4. 持续性评价的检验

要素	内容
一致性	与单元学习目标一致，指向理解和思维发展，确定清晰的评价目标和评价标准。
系统性	评价目标、评价标准、评价任务、评价方式、评价工具之间紧密关联。
过程性	评价和反馈贯穿学习活动始终，对学习过程和结果进行评价，评价反馈的内容具体，明确改进方向和目标，有利于学生理解。
激励性	采用多样化评价方式，指向目标达成、活动表现等，评价目标和评价方式激励学生在原有水平上发展。

㈜ 录 ㊂

学习资源推荐

[1] 刘月霞，郭华．深度学习：走向核心素养：理论普及读本 [M]．北京：教育科学出版社，2018．

[2] 刘月霞．以深度学习释放课改"红利" [N]．中国教育报，2017-04-05（9）．

[3] 郭华．深度学习及其意义 [J]．课程·教材·教法，2016（11）：25-32．

[4] 胡久华，罗滨，陈颖．指向"深度学习"的化学教学实践改进 [J]．课程·教材·教法，2017（3）：90-96．

[5] 褚宏启，张咏梅，田一．我国学生的核心素养及其培育 [J]．中小学管理，2015（9）：4-7．

[6] 余文森．核心素养的教学意义及其培育 [J]．今日教育，2016（3）：11-14．

[7] 侯肖，胡久华．在常规课堂教学中实施项目式学习：以化学教学为例 [J]．教育学报，2016（8）：39-44．

[8] 胡久华，侯肖，葛明月，等."酸雨"项目教学的实践与思考 [J]．基础教育课程，2015（13）：39-45

[9] 巴克教育研究所．项目学习教师指南：21世纪的中学教学法 [M]．2版．北京：教育科学出版社，2008．

[10] 符爱琴．深度学习视域下的物质单元复习教学研究 [J]．化学教育，2016（7）：43-48．

后 记

　　教育部基础教育课程教材发展中心组织专家团队在借鉴国内外相关研究成果的基础上，针对我国课程教学改革的需要，开发了深度学习教学改进项目。深度学习教学改进项目初中化学学科组在综合组的指导下进行了积极探索和深入实践，编制了《深度学习：走向核心素养（学科教学指南·初中化学）》，以期促进教师理解化学学科深度学习，引导教师开展基于深度学习的初中化学教学。

　　本书由北京师范大学胡久华教授担任主编，负责全书的编写工作，并执笔撰写了第一章、第二章、第三章和附录。北京市海淀区教师进修学校罗滨校长、陈颖老师担任本书的副主编，对第四章进行了修改和完善。北京市海淀区教师进修学校尹博远老师、北京市育英中学张永梅老师、首都师范大学附属中学陈伯瀚老师撰写了"支持航天员呼吸的气体环境探秘"教学案例，北京市八一学校宋晓萌老师撰写了"基于证据探索物质构成的奥秘——跟随水分子的足迹"教学案例，北京市中关村中学李娜、吴波老师撰写了"运动型饮料的包装设计"教学案例，陈颖、宋晓萌老师撰写了"'多角度认识物质的化学变化'专题复习"教学案例。

　　胡久华、罗滨、陈颖三位老师对全书框架进行了多次调整，并对具体内容进行了校对和修改；北京市八一学校宋晓敏老师、北京市海淀区教师进修学校附属实验学校初中化学备课组等，对教学案例提出了具体的修改建议；许多课程与教学论专家、化学教育专家和资深中学化学教师对此书的编写和修改提出了积极、中肯的建议；教育科学出版社对该书的出版给予了大力支持。在此一并表示感谢！

　　指向深度学习的化学教学实践，是每个化学教师的教学追求，是促进化学学科核心素养落地的重要途径。本书是深度学习教学改进项目初中化学学科组四年理论研究和实践研究的阶段性成果，难免有不妥之处，期望广大教师在应用和实践的过程中提出宝贵建议。

深度学习教学改进项目初中化学学科组

2018 年 11 月

出版人 李 东

策划编辑 刘 灿 池春燕

责任编辑 殷 欢 池春燕

版式设计 孙欢欢

责任校对 贾静芳

责任印制 叶小峰

图书在版编目（CIP）数据

深度学习：走向核心素养．学科教学指南．初中化
学／胡久华主编；教育部基础教育课程教材发展中心，
课程教材研究所组织编写．—北京：教育科学出版社，
2019.3（2023.9 重印）
（深度学习教学改进丛书／田慧生主编）
ISBN 978-7-5191-1844-0

Ⅰ．①深…　Ⅱ．①胡…　②教…　③课…　Ⅲ．①中学化
学课—教学研究—初中　Ⅳ．①G633

中国版本图书馆 CIP 数据核字（2019）第 041880 号

深度学习教学改进丛书
深度学习：走向核心素养（学科教学指南·初中化学）
SHENDU XUEXI：ZOUXIANG HEXIN SUYANG（XUEKE JIAOXUE ZHINAN · CHUZHONG
HUAXUE）

出版发行	教育科学出版社		
社　　址	北京·朝阳区安慧北里安园甲9号	**市场部电话**	010-64989009
邮　　编	100101	**编辑部电话**	010-64981269
传　　真	010-64891796	**网　　址**	http://www.esph.com.cn
经　　销	各地新华书店		
制　　作	北京金奥都图文制作中心		
印　　刷	保定市中画美凯印刷有限公司		
开　　本	720毫米×1020毫米　1/16	**版　　次**	2019年3月第1版
印　　张	9	**印　　次**	2023年9月第6次印刷
字　　数	115千	**定　　价**	28.00元

如有印装质量问题，请到所购图书销售部门联系调换。